经济学学术前沿书系
ACADEMIC FRONTIER
ECONOMICS BOOK SERIES

# 基于品牌社群感知与消费者卷入的品牌社群价值提升策略研究

苏奕婷　王彦勇◎著

经济日报出版社

**图书在版编目(CIP)数据**

基于品牌社群感知与消费者卷入的品牌社群价值提升策略研究/苏奕婷，王彦勇著．—北京：经济日报出版社，2022. 2

ISBN 978-7-5196-0991-7

Ⅰ. ①基… Ⅱ. ①苏… ②王… Ⅲ. ①企业管理-品牌战略-研究 Ⅳ. ①F273. 2

中国版本图书馆 CIP 数据核字(2021)第 246455 号

**基于品牌社群感知与消费者卷入的品牌社群价值提升策略研究**

| | |
|---|---|
| 作　　者 | 苏奕婷　王彦勇 |
| 责任编辑 | 张　莹 |
| 助理编辑 | 刘宇彤 |
| 责任校对 | 徐建华 |
| 出版发行 | 经济日报出版社 |
| 地　　址 | 北京市西城区白纸坊东街 2 号 A 座综合楼 710(邮政编码:100054) |
| 电　　话 | 010-63567684(总编室)<br>010-63584556(财经编辑部)<br>010-63567687(企业与企业家史编辑部)<br>010-63567683(经济与管理学术编辑部)<br>010-63538621 63567692(发行部) |
| 网　　址 | www. edpbook. com. cn |
| E - mail | edpbook@ 126. com |
| 经　　销 | 全国新华书店 |
| 印　　刷 | 北京建宏印刷有限公司 |
| 开　　本 | 710 mm × 1 000 mm　1/16 |
| 印　　张 | 11. 5 |
| 字　　数 | 155 千字 |
| 版　　次 | 2022 年 2 月第 1 版 |
| 印　　次 | 2022 年 2 月第 1 次印刷 |
| 书　　号 | ISBN 978-7-5196-0991-7 |
| 定　　价 | 50. 00 元 |

# 目　录

Contents

摘　要 …………………………………………………………… 1

第一章　品牌社群研究概述

1.1　研究背景与问题提出 ………………………………………… 4

1.1.1　实践背景 ………………………………………………… 4

1.1.2　理论背景 ………………………………………………… 5

1.1.3　问题提出 ………………………………………………… 10

1.2　研究意义 ………………………………………………………… 12

1.2.1　理论意义 ………………………………………………… 12

1.2.2　实践意义 ………………………………………………… 13

1.3　相关概念界定 …………………………………………………… 14

1.3.1　品牌社群 ………………………………………………… 14

1.3.2　社群感知 ………………………………………………… 15

1.3.3　消费者卷入 ……………………………………………… 15

1.3.4　品牌社群企业介入度 …………………………………… 16

1.4　技术路线和研究方法 …………………………………………… 16

1.4.1　技术路线 ………………………………………………… 16

1.4.2　研究方法 ………………………………………………… 18

1.5　研究创新点与特色 ……………………………………………… 19

1.5.1 研究创新点 …… 19
1.5.2 研究特色 …… 20

## 第二章 相关文献综述

2.1 品牌社群的提出与发展 …… 24
2.1.1 品牌社群内涵相关研究 …… 24
2.1.2 品牌社群结构与特征相关研究 …… 26
2.1.3 小结 …… 29
2.2 品牌社群感知相关研究 …… 29
2.2.1 品牌社群感知的基本概念 …… 29
2.2.2 品牌社群感知维度相关研究 …… 30
2.2.3 品牌社群感知的作用机理 …… 32
2.2.4 小结 …… 33
2.3 品牌社群消费者卷入相关研究 …… 33
2.3.1 品牌社群消费者卷入的基本概念 …… 33
2.3.2 品牌社群消费者卷入维度相关研究 …… 34
2.3.3 品牌社群消费者卷入形态相关研究 …… 35
2.3.4 品牌社群消费者卷入影响因素及作用机理相关研究 …… 36
2.3.5 小结 …… 39
2.4 品牌社群价值相关研究 …… 39
2.4.1 品牌社群价值的基本概念 …… 39
2.4.2 品牌社群价值维度相关研究 …… 39
2.4.3 品牌社群价值影响因素及作用机理相关研究 …… 41
2.4.4 小结 …… 42

2.5 相关研究主要启示与不足 …… 49

## 第三章 概念模型机理分析

3.1 概念模型基本结构 …… 52
3.2 品牌社群感知与品牌社群消费者卷入的关系 …… 53
3.3 品牌社群感知与品牌社群价值的关系 …… 55
3.4 品牌社群消费者卷入与品牌社群价值的关系 …… 57
3.5 品牌社群感知与品牌社群消费者卷入关系中企业介入的调节作用 …… 57
3.5.1 品牌社群建立的驱动因素与一般路径分析 …… 57
3.5.2 企业介入调节作用的发生——品牌社群建立者与主导者非等同性分析 …… 68
3.6 本章小结 …… 71

## 第四章 操作模型构建与研究假设

4.1 操作模型构建 …… 74
4.1.1 品牌社群消费者感知维度的选取 …… 74
4.1.2 消费者卷入维度的选取 …… 75
4.1.3 品牌社群价值维度的选取 …… 76
4.1.4 操作模型 …… 78
4.2 研究假设 …… 79
4.2.1 品牌社群感知影响品牌社群价值的相关假设 …… 79
4.2.2 品牌社群感知影响消费者卷入的相关假设 …… 85

4.2.3 消费者卷入影响品牌社群价值的相关假设 …………… 90
4.2.4 企业介入度的调节作用相关假设 ………………………… 95
4.3 本章小结 …………………………………………………… 100

## 第五章 实证研究设计

5.1 量表设计 …………………………………………………… 104
5.1.1 品牌社群感知诸维度的测量 …………………………… 104
5.1.2 消费者卷入诸维度的测量 ……………………………… 106
5.1.3 品牌社群价值诸维度的测量 …………………………… 107
5.1.4 企业介入度调节项的测量 ……………………………… 109
5.1.5 控制变量 ………………………………………………… 109
5.2 问卷调查方法 ……………………………………………… 111
5.2.1 问卷结构与数据量化形式 ……………………………… 111
5.2.2 问卷前测 ………………………………………………… 112
5.2.3 最终问卷 ………………………………………………… 114
5.3 样本选择与数据收集 ……………………………………… 114
5.3.1 样本选择范围与样本规模 ……………………………… 114
5.3.2 问卷发放与数据收集 …………………………………… 116
5.4 本章小结 …………………………………………………… 116

## 第六章 实证分析

6.1 实证研究方法选取 ………………………………………… 120
6.1.1 模型选择 ………………………………………………… 120
6.1.2 建模工具 ………………………………………………… 121

6.1.3 检验指标 …… 121
6.2 调查数据质量分析 …… 122
6.2.1 数据描述性统计 …… 122
6.2.2 数据正态性检验 …… 126
6.2.3 信度检验 …… 128
6.2.4 效度检验 …… 129
6.3 模型构建与拟合检验 …… 131
6.3.1 模型构建 …… 132
6.3.2 模型拟合检验 …… 133
6.4 企业介入度调节效应分析 …… 134
6.4.1 企业介入对消费者之间互动的调节效应分析 …… 135
6.4.2 企业介入对消费者和企业互动的调节效应分析 …… 136
6.5 研究假设的检验结果 …… 138
6.5.1 决定因素相关假设的检验结果 …… 138
6.5.2 调节因素相关假设的检验结果 …… 139
6.6 本章小结 …… 140

第七章 研究结论与启示

7.1 研究结论和品牌社群价值提升策略 …… 142
7.1.1 研究结论 …… 142
7.1.2 品牌社群价值提升策略 …… 144
7.2 研究启示 …… 151
7.2.1 理论启示 …… 151
7.2.2 实践启示 …… 152

7.3 研究局限与展望 …… 152
7.3.1 研究局限 …… 152
7.3.2 研究展望 …… 154

附 录 本研究所用调查问卷 …… 155

参考文献 …… 160

# 摘 要

Abstract

品牌社群是以核心品牌消费者为中心建立起来的非地理意义上的社会关系网络。其存在改变了消费者与品牌企业之间的旧有沟通形式，既可使消费者发出更多声音从而影响品牌价值，也可以使品牌企业更加深入地了解消费者需求以提升产品品质。如今品牌社群已经成为理论界和实践界共同关注的热点。

目前在品牌社群形成机理以及品牌价值等研究方面已经有了较为丰富的成果，但对于一些关键问题的认识依然不够清晰。①品牌社群价值形成机理如何？品牌社群作为一个近年来新出现的现象以及概念，在分析清楚其形成方式、参与者与参与程度以及组织边界等问题前，无法完整地探讨品牌社群价值形成机理。而在品牌价值的研究中，品牌社群价值对品牌价值的创造起着关键的作用，特别是对于那些移动互联网时代的网络品牌，品牌社群价值的形成机理是网络品牌价值创造的关键点。②品牌社群创建者是否等同于品牌社群主导者？企业是否有可能强有力地影响品牌社群活动？根据企业对品牌社群介入程度以及品牌社群发展阶段的不同，企业和消费者在品牌社群中的主导地位会根据博弈而发生变化。品牌社群的主导者才是对品牌社群运营及发展的主要管理方。③企业如何在品牌社群形成和发展过程中占据主导地位？这些问题不仅自身研究价值很高，也直接影响到网络品牌价值形成、网络品牌危机应对等相关研究，并严重制约了品牌社群相关实践，亟待解决。

本研究聚焦“品牌社群消费者感知及卷入影响品牌社群价值”这一主题，尝试解决上述问题。通过对品牌社群分类和品牌社群价值影响的深入思考，对品牌社群价值、品牌社群感知、消费者卷入、企业介入度及其关系的相关研究文献进行了收集和整理；通过扎根访谈比较分析了消费者建立、品牌企业建立的品牌社群和消费者主导、企业主导的品牌社群，由此引入了品牌社群企业介入度的概念。在理论分析的基础上建立了本研究的理论研究框架。通过访谈研究、问卷设计、问卷前测、抽样调查以及数据分析等方法对本研究进行了实证研究及分析。最后根据理论以及实证研究结果对品牌企业介入品牌社群以及提升品牌社群价值给予了研究结论、管理启示以及研究展望。

本研究的核心是研究品牌社群消费者感知及卷入对品牌价值提升的影响。为阐释核心问题，首先从品牌社群角度出发，通过理论分析和实际访谈调研，对企业建立以及消费者建立的两种品牌社群进行了系统分析，并引入了品牌企业社群介入度这一全新概念。通过对品牌社群、社会认同理论以及品牌价值的分析形成了理论框架，阐释了品牌社群消费者感知及卷入对品牌价值的影响机理，并采用了社会调查方法对理论框架进行了实证研究。

本研究主要结论包括：第一，品牌企业对该品牌社群的介入程度是指在品牌社群的运行过程中，品牌企业对品牌社群的参与、支撑和管理程度。品牌社群企业介入度概念的提出可以将品牌社群划分成消费者主导的品牌社群以及企业主导的品牌社群两类。第二，本研究进行了品牌社群感知对品牌社群消费者卷入的相关分析。在文献分析的基础上将社群感知分为社群认同、社群满意度和社群影响度三个维度。消费者卷入是消费者在品牌社群的参与程度，通过消费者在参与品牌社群活动时与品牌企业的互动程度以及与其他社群成员的互动程度来衡量。研究表明品牌社群感知对消费者卷入都有正向影响作用。第三，从品牌社群消费者卷入对品牌价值的理论分析中得出，品牌社群中消费者之间的互动以及消费者与品牌企业的互动对口碑、品牌形象、社群忠诚以及社群活动存在影响。最终通过实证进行了假设验证，同时验证了企业介入对社群感知及消费者卷入的调节效应。第四，在以上结论的基础上，作者从品牌消费者、品牌企业以及品牌社群运营者三个角度给出了建议与对策。

**关键词**：品牌社群；社群感知；消费者卷入；品牌社群价值；企业介入度

# 第一章
# 品牌社群研究概述

## 1.1 研究背景与问题提出

### 1.1.1 实践背景

在2013年于德国科隆国际博览中心召开的全球数字营销展览会暨会议（Dmexco）上，宝洁全球市场总监Marc Pritchard语出惊人，以数字营销已死为题，做了一场震撼人心的报告。其观点不仅在当场造成轩然大波，也引发了2013中国数字营销大会（2013 Top Digital）上的激烈讨论。众所周知，宝洁公司旗下飘柔、舒肤佳、玉兰油、汰渍及吉列等品牌在各自的产品领域内均处于市场领先地位，宝洁公司是世界上品牌运营最成功的公司之一，为何公司CMO发出了“数字营销已死”的感慨？对于数字营销正在蓬勃发展的中国，他的观点反而使得营销人员更加迷茫。其实，究其观点，并非摒弃数字营销手段，而是强调数字营销渠道（tools）不应凌驾于营销活动内容（campaigns）之上。如今品牌的发展在于能够与消费者产生互动和价值共享，以及与各种利益相关者实现品牌共建，从而使得品牌超脱于价格、性能等产品理性因素，成为消费者生活中的伙伴，建立起与消费者情感上的联系（Pritchard，2013）。因此，以数字营销渠道为导向的营销时代正在终结，顾客成为实现品牌价值的关键。

在众多的品牌经营策略中，品牌社群的运用不失为一个好的切入点。一些对某一品牌感兴趣的消费者，以品牌信息交流为目的，沟通互动，逐渐形成了品牌社群。品牌社群的建立提供了一个让人们交流心得、分享知识甚至在现实生活中建立联系的平台，使社群成员与品牌之间的关系更加融合与亲密；而消费者也不再被动地接受企业创造出的价值，而是积极主动地寻求各种平台或途径与企业积极合作，一起为大家共同喜爱的品牌创造价值，这对发展顾客-品牌的长期关系质量有很大助益。在我国，以品牌共建为核心目的的品牌社群都获得了突飞猛进的发展。强调公司与顾客互动的品牌社群如雨后春笋般冒了出来，品牌社群已经成为我国品牌化发展的重要力量，如苹果手机论坛在线最高人数超过5万。另一方面，作为品牌共建行为中重要合作伙伴的广告公司也得到长足的发展，自2000—2010年10年间，每年以7%到20%的速度增长，2010年其营业收入达到2 340.5亿元，跃居世界第三（陈培爱、李阿嫱，2013）。而作为承担监督责任的社会媒体以及政府部门，在规范品牌行为时所起的作用也越来越明显。然而值得注意的是，在我国，虽然品牌社群正处于高速发展阶段，却缺乏良性思考与指导，致使在品牌共建中承担不同责任的角色发展失调，短期内能够带动品牌价值提升，而品牌社群发展过程中发生的危机却时常被公司选择性忽略，出现了大量以品牌健康换取短期品牌价值的不良发展模式。其次，在地域上的发展也极不均衡。以与广告公司合作为例，北京、上海、广州三个发达城市占了全国50%，海南、甘肃、宁夏、西藏与青海五省区尚不足1%(胡月，2013)。最后，我国的品牌企业对品牌社群的运作管理尚缺乏深刻认识，往往仅是模仿国外成功公司，盲从、跟风现象严重，不仅没有体现品牌社群的优势，还造成大量浪费。

### 1.1.2 理论背景

自20世纪80年代以来，品牌理论的研究越来越受到重视，其主要原因在于学者们意识到品牌是企业最宝贵的无形资产，是企业核心竞争力所在，因此品牌理论研究迅速成为管理领域最有影响力的课题之一，也成为营销学术研究的重要领域。卢泰宏等指出品牌理论研究的重心依次经历了品牌阶段、品牌战略阶段、品牌资产阶段、品牌管理阶段和品牌关系五个阶段（卢泰宏、周志民，2003）。品牌阶段主要研究品牌的内涵及其重要作用；品牌战略阶段主要研究企业如何品牌化，如何通过品牌定位制定品牌形象、确定品牌层级、品牌组合等战略；品牌资产阶段研究品牌资产的来源、构成要素及其评价方法等；品牌管理阶段的重心在于如何进行品牌管理的建制与组织，品牌延伸、激活、强化、联盟及其品牌管理绩效评估等；而品牌关系阶段的研究重点主要有品牌关系的类别和维度及其测量方法等。

品牌关系的研究是关系营销深入到品牌层面而形成的品牌理论研究前沿课题，是体验经济背景下品牌研究方面的新角度和新视野。卢泰宏总结了营销管理所经历的三个重要阶段，分别是交易营销阶段、关系营销阶段和合作营销阶段（卢泰宏，2008）。（见表 1-1）

**表 1-1　营销管理的演进**

| | 交易营销（20 世纪 50 年代） | 关系营销（20 世纪 80 年代） | 合作营销（2000 年以后） |
|---|---|---|---|
| 价值观点 | 交换中的供给 | 长期的顾客关系 | 共同创造体验 |
| 市场观点 | 交易价值的场所 | 各种供给汇集的地方 | 通过对话共同创造价值的平台 |
| 顾客角色 | 购买者被动地接受供给 | 培养关系组合 | 消费前积极参与价值共创 |
| 企业角色 | 替消费者界定并创造价值 | 吸引、开发并留住有利可图的顾客 | 让顾客参与价值界定及共创过程 |
| 与顾客互动的性质 | 对顾客进行调查，以搜集需求和反馈信息 | 观察顾客并逐步学会适应 | 与顾客和社群积极对话 |

资料来源：卢泰宏. 营销管理演进综述［J］. 外国经济与管理，2008（1）：42。

新的世纪到来以后，营销界更加意识到顾客与企业之间的合作是实现产品（或服务）价值增值的来源，企业通过与顾客的积极对话共同创造顾客价值从而实现企业营销绩效。在实践中，这种对话的重要平台之一就是品牌社群。品牌社群是品牌消费者聚集的专门化的社群，它关注社群成员从顾客群体沟通和交往中获得的品牌体验，是品牌社群消费者卷入的主要表现形式之一。

本研究以“brand community”（品牌社群）为搜索词对 EBSCO 数据库中的 Academic Source Complete（综合学科参考类全文数据库）和 Business Source Complete（商管财经类全文数据库）进行了精确检索，得出 2000—2014 年共收录 145 篇消费者卷入研究文献；以“品牌社群”或“品牌社区”为题名检索词，对中国知网（CNKI）的中国学术期刊网络出版总库进行精确检索，得出 2001—2014 年共收录 146 条检索结果。根据搜索文献的数据，可分析得出：(1) 消费者卷入及品牌社群最早的研究文献分别在 1984 年和 2000 年。品牌社群消费者卷入自 1995 年开始呈上升趋势；品牌社群自 2002 年开始呈上升趋势。(2) 品牌社群消费者卷入在 2000 年之后迅速增长，而品牌社群在 2006 年以后也呈快速增长的趋势，这说明消费者卷入和品牌社群研究得到越来越多学者的关注，成为营销及企业管理领域的热点课题之一。(3) 消费者卷入研究的迅速增长与品牌社群研究的出现和发展存在正相关关系，随着品牌社群研究的出现和发展，消费者卷入的研究有了突飞猛进的发展，这暗示着品牌社群作为一类重要的消费者卷入表现形式，为品牌关系的发展和研究提供了重要的支持。(4) 品牌关系国内的研究相对滞后，而品牌社群相关的研究与国际水平基本持平并保持相同的研究数量走势。

从这些文献的内容来看，当前品牌社群消费者卷入的研究主要集中在如下三个方面：

(1) 品牌社群消费者卷入的内涵和类别的研究，侧重于探讨品牌社群消费者参与“是什么”和有什么种类。学术界较为公认的品牌社群消费者参与概念 Research International 市场研究公司的 Max Blackston，是 1992 年由正式提出的他根据人际交往的相关原理对品牌社群消费者参与进行了界定 (Blackston，1992)。随后，Mundkur、Biel 及 Fournier 都从不同角度给出了品牌社群消费者参与的概念。在品牌社群消费者参与分类方面，Blackston 根据品牌社群消费者参与模型设计了由客观和主观两个坐标维度构成的品牌社群消费者参与分析图。Fournier 开创性地采用隐喻的方法，将品牌社群消费者参与类比为社会人际交往中的 15 种不同的关系模式，她也采用两个维度来划分品牌社群消费者参与的维度，分别是关系性质和关系强度。该类研究从关系营销的角度探索品牌资产的价值，发现品牌社群消费者参与作为无形的资产是品牌资产中最有价值的部分，在此基础上，学者们又开始探索品牌社群消费者参与质量及其测度。

（2）品牌社群消费者参与质量和品牌关系质量维度的研究。品牌关系质量是指品牌关系的状态及其强度。Blackston 通过研究消费者与企业品牌的关系发现，成功的、受到认可的品牌关系一般都具有两项要素，即顾客对品牌的信任和满意（Blackston，1992）。Fournier 将品牌——顾客关系质量定义为六个维度：爱与激情、自我联结、相互依赖、个人承诺、亲密感情和品牌的伴侣品质（Fournier，1998）。Duncan 和 Moriarty 也提出了评价消费者与品牌社群消费者参与的 8 个指标。何佳讯从中国本土社会心理出发建立消费者-品牌社群消费者参与质量概念模型，提出了由社会价值表达、信任、相互依赖、承诺、真有与应有之情、自我概念联结 6 个维度构成的中国社会文化背景中消费者与品牌社群消费者参与（何佳讯，2006）。学者们对于品牌社群消费者参与质量维度的研究存在较多争鸣，但是其基本内涵和关键维度逐渐趋于一致。

（3）品牌个性和品牌社群消费者参与的研究。因为品牌社群消费者参与的拟人化研究，许多学者将对品牌关系的研究深入到对品牌个性的维度的测量中。Aaker 将 114 个个性特征应用于 37 个不同品类的品牌，测量出品牌个性具有真诚、刺激、能力、精致、粗犷五大因子。黄胜兵和卢泰宏从中国传统文化角度阐释了中国的品牌 5 个个性维度“仁、智、勇、乐、雅”。品牌个性被认为是品牌关系的基础，品牌关系是品牌个性的延伸（黄胜兵、卢泰宏，2003）。这是从品牌角度对品牌关系进行的深入研究，取得了一定的成果。但是，品牌社群消费者参与是消费者和品牌互动的关系，品牌个性的研究是从品牌角度进行的研究，而从消费者角度对品牌社群消费者参与的研究还较为薄弱。

而品牌社群的研究主要集中在以下几个方面：

（1）品牌社群概念和特征的研究

Muñiz 1998 年在博士论文中提出品牌社群的概念和三个基本特征：同类意识、仪式和传统、道德责任感（Muñiz Jr，1998）。此后，McAlexander（McAlexander and Schouten，et al.，2002）、Bagozzi（Bagozzi and Dholakia，2006）、王毅（王毅、王兴元，2009）等人也分别给出品牌社群的定义，对之前的品牌社群的主体进行了扩展，形成了围绕品牌社群的几类关系。Mcalexander 还指出品牌社群具有地理时间上的集中性、社会内容的丰富性和整体的动态性这几个特征。袁路将品牌社群的特性分为三种：情感性、功能性和网络性（袁路，2006）。此外 Muñiz 等对品牌社群的类宗教性特征做了深入研究（Muñiz Jr and Schau，2005），他们的研究从宗教角度阐释了品牌社群的文化特征，即品牌代表了消费者的一种信仰，被消费者崇拜，因此品牌社群具有类宗教性。品牌社群特征的概括，为我们深入分析品牌社群的内在构造及其发挥作用的机理奠定了良好的基础，是我们深入研究品牌社群问题的重要着手点，但我们也可以发现其特征的研究角度还不够全面，还需要进一步的完善，才能使得我们对品牌社群的作用机理有更扎实全面的研究基础。

（2）消费者参与品牌社群的动机研究

McAlexander 等人（McAlexander et al.，2002）探讨了消费者加入品牌社群的原因：消费者可以通过加入品牌社群分享品牌知识、分享情感、分享物质等方面的资源。周志民运用“顾客让渡价值”理论分析了消费者参加品牌社群的目的是借此获得品牌社群带给他们的财务价值、社交价值、服务价值和形象价值（周志民，2005）。很多学者运用实证方法研究了消费者参与品牌社群的动机，其研究结果证明品牌社群对消费者具有多方面的意义，因此消费者会非常乐意参与到品牌社群中，不过学者们也指出，参与者的行动有程度上的差别，有的参与者只是“潜水者”，而有些则非常积极地参与品牌社群的各项活动。

（3）品牌社群影响作用的研究

目前品牌社群的影响作用主要集中在品牌社群可以对顾客的品牌认同、品牌体验、品牌忠诚等产生影响上。不少学者通过理论分析和实证研究，证明了品牌社群通过顾客参与、社群认同等最终可以实现品牌的忠诚。而品牌社群对于品牌社群消费者参与方面的影响，只有顾客满意这方面的内容被验证，其他方面还比较空白。在社会文化方面的影响，学者们提出品牌社群具备仪式、群体价值观等特征，因此社群可以对成员、其他社会成员乃至整个社会在精神层面产生较大的影响。

（4）品牌社群运营策略的研究

品牌社群的创建往往有两类方式，一类是品牌企业自建品牌社群，另一类是他建类型。现在他建品牌社群更加受到重视，这种社群是由品牌企业以外的其他企业或个人创建并运营的，这类社群由于中立地位更被消费者所认可。学者们基于不同的品牌社群类型及品牌社群特征等，为品牌社群的运营提出了一些策略，但是这些运营策略多数出于逻辑分析和实际观察，缺乏严格的实证研究的基础。

### 1.1.3 问题提出

第一，品牌社群价值形成机理如何？

从理论角度来看，目前对于品牌社群形成机理的分析研究已经取得了一定的成果，特别是从消费者以及企业价值诉求角度以及价值获取方面的研究已经较为系统。同时，不同学者对于如何创造品牌价值以及品牌价值的形成机理的研究也相对充实。但是品牌社群作为一个近年来新出现的现象以及概念，在分析清楚其形成方式、参与者与参与程度以及组织边界等问题前，无法完整地探讨品牌社群价值形成机理。而在品牌价值的研究中，品牌社群价值对品牌价值的创造起着关键的作用，特别是对于那些移动互联网时代的网络品牌，品牌社群价值的形成机理是网络品牌价值创造的关键点。同时，品牌社群价值形成的机理分析也是现代企业运用网络运营品牌以及品牌社群的依据。因此，品牌社群价值形成机理具有重要的研究价值。

第二，品牌社群创建者是否等同于品牌社群主导者？企业是否有可能强有力地影响品牌社群活动？

品牌社群概念提出之初，其建立以及参与主体都是消费者。然而随着品牌企业对于品牌社群认识以及网络技术的发展，品牌社群已经不完全是由消费者自发形成的组织。以往的研究对于品牌社群运营策略的研究都将品牌社群分为消费者建立以及品牌企业建立两种类型。然而根据企业对品牌社群介入程度以及品牌社群发展阶段的不同，企业和消费者在品牌社群中的主导地位会根据博弈而发生变化。品牌社群的主导者才是对品牌社群运营及发展的主要管理方。因此，分清品牌社群的创建者与主导者的区别，不仅可以填补品牌社群运营策略研究方向分类的空白，也可以对品牌企业更好地管理品牌社群提供更加精准的意见与建议。

第三，企业如何在品牌社群形成和发展过程中占据主导地位？

由于品牌社群是由消费者社群发展而来，在品牌社群建立之初，消费者是品牌社群最为重要的参与者，也是品牌社群能够开展运营的基础。企业通过品牌社群不但可以获取消费者的消费反馈用于改进产品质量、服务以及消费者的消费偏好等数据用于精准营销策略；而且可以通过品牌社群的良好运营来培养消费者对于品牌的忠诚度和发展新的社群成员。然而由消费者自发建立以及主导运营的品牌社群容易对企业的口碑以及品牌形象上产生较大的威胁，一旦出现危机将使得品牌企业难以进行有效的危机处理。因此企业如何在品牌社群形成与发展中占主导地位，为企业提升品牌价值、预防危机提供了新的研究视角，同时也是网络时代企业如何成功运营品牌极为重要的课题。

## 1.2 研究意义

### 1.2.1 理论意义

第一，深化了相关研究认识。主要体现在三个方面：①揭示网络品牌社群价值形成过程。品牌社群作为一个近年来新出现的现象以及概念，在分析清楚其形成方式、参与者与参与程度以及组织边界等问题前，无法完整地探讨品牌社群价值形成机理。而在品牌价值的研究中，品牌社群价值对品牌价值的创造起着关键的作用，特别是对于那些移动互联网时代的网络品牌，品牌社群价值的形成机理是网络品牌价值创造的关键点。②揭示品牌社群创建者与品牌社群主导者的不对等性。品牌社群概念发展之初是从消费者社群发展而来、默认为品牌社群由消费者创建，但是随着实践中品牌社群的发展，企业对于品牌社群的介入程度不同形成了不同的管理力度。分清品牌社群的创建者与主导者的区别，可以在理论上填补品牌社群运营策略研究方向分类的空白。③揭示企业介入度在消费者卷入中的关键性调节作用。品牌社群的消费者卷入不是单纯的消费者参与品牌社群活动，企业的介入程度直接影响社群中消费者对于品牌社群的情感卷入以及行为卷入。企业介入度对消费者卷入有着重要的调节作用，不容忽视。

第二，对后续研究提供有益启示。主要有两个方面：①深化了对品牌社群主体地位和品牌社群系统功能性的认识，从而为企业主动利用品牌社群进行网络营销有关研究提供依据。以往对于品牌社群发展策略的研究仅简单地将品牌社群划分为消费者建立以及企业建立两种类型，对于品牌社群中企业介入度没有分析而忽略了品牌社群的实际主导者。根据企业对品牌社群介入程度以及品牌社群发展阶段的不同，企业和消费者在品牌社群中的主导地位会根据博弈而发生变化。这种系统功能性的认识将对品牌社群发展运营提供研究依据。②进一步理清了品牌社群作用路径，为网络品牌价值形成、网络品牌危机应对等相关研究提供基础。

### 1.2.2 实践意义

第一，为品牌社群如何提高自身价值提供策略支持。企业通过传统的营销方式宣传品牌的效率已经远远低于通过网络传播的效率。同时，在培养消费者忠诚度的营销实践中，品牌企业创造的产品与服务使得消费者满意并且通过消费者自身向周围相近的人宣传能够起到良好的营销效果。品牌社群现阶段的发展兼具了网络传播以及精准营销特性。运营良好、具有活力的品牌社群具有良好的口碑、符合品牌企业创造的品牌形象、实践了品牌的价值观同时也通过品牌社群活动培养了消费者的品牌忠诚。品牌社群价值的提升对于品牌企业的口碑以及品牌价值有着极其重要的影响。对于品牌社群价值提升的策略研究能够在品牌企业的营销活动过程中，对于企业何时以何种程度介入品牌社群活动提供更为细致的策略支持。

第二，为企业如何主动设计和参与社群活动，赢取品牌社群主导地位，进而提高自身品牌价值提供策略支持。品牌社群发展之初，消费者是品牌社群最为重要的参与者，也是品牌社群能够开展运营的基础。消费者通过参与品牌社群来满足对自身价值的诉求。因此本研究通过对消费者参与动机的分析使得企业清晰辨别消费者价值诉求，通过设计与参与品牌社群活动来满足消费者的诉求。企业通过品牌社群不但可以获取消费者的消费反馈用于改进产品质量、服务以及消费者的消费偏好等数据用于精准营销策略；而且企业可以通过品牌社群的良好运营来培养消费者对于品牌的忠诚度和发展新的社群成员。

## 1.3 相关概念界定

### 1.3.1 品牌社群

品牌社群（Brand Community）也翻译为品牌社区，其概念是 Muñiz Jr（Muñiz Jr，1998）1998 年在博士论文中提出来的，品牌社群是一个特殊的、不受地域限制的消费者的群体组织，它建立在使用某一品牌的消费者所形成的一系列社会关系之上。这一概念是根据 Boorstin（Boorstin，1968）给出的消费社群的概念并融合了品牌这一社群纽带而建立起来的。因此，品牌社群从根本上说是基于消费活动而建立起来的顾客之间的群体。

McAlexander 和 Schouten 等人（McAlexander，Schouten and Koenig，2002）从顾客体验的视角出发，认为品牌社群是一个以消费者为中心的关系网络，这个网络包括了消费者与品牌的关系、消费者与企业的关系、消费者相互之间的关系以及消费者与其所使用的产品的关系等。他们的研究强调来自成员间互动的消费体验，指出消费者在互动、体验中与企业的营销人员一起构建了品牌意义。

上述两组学者给品牌社群的定义具有共同的特征，即品牌社群是以核心品牌的消费者为中心建立起来的非地理意义上的社会关系网络。品牌社群是消费者作为一个群体存在的重要平台，是消费者之间进行有效沟通的社会网络，它的存在改变了消费者与品牌企业之间的旧的沟通形式，使消费者更加具有力量，可以发出更多的声音，也可以使品牌企业更深刻地了解他们的顾客。

### 1.3.2 社群感知

品牌社群作为一个消费社群，Muñiz 和 O' Guinn 认为具有一定的群体意识，群体意识就是社群认同，社群认同是品牌社群所拥有的最重要特征。Ellemers 等在研究社群认同中提出社群包含：认知、情感以及评价三个部分。对社群的认知是对群体的感知，是社群人员对自我在社群中的定位，在自我定位中寻求自我分类，通过社群认知能够从自我出发判别出自我与社群其他成员的相似点与不同点；情感认同是品牌社群中社群成员在相互交流互动时候的感情投入，包括情感互动等，情感能够使得社群群体中成员相互依赖，促使社群成员对品牌社群形成忠诚感；社群成员认同的评价型认同则认为社群成员在活动中的行为是可量化的，基于群体自尊可以做出不同的评价，但是这是基于社群成员在情感等投入后所产生的归属感。本研究中，在前人研究的基础上将社群感知定义为：在基于品牌所形成的品牌社群中，成员之间相似性的认知，它是一种成员间公认的互相依赖，是一种通过完成彼此希望对方做的事情来保持这种相互依赖的意愿，是一种认为自己是社群内不可或缺部分的感觉。

### 1.3.3 消费者卷入

消费者卷入在市场营销领域得到了广泛的运用，消费者卷入对消费者各种行为都产生一定影响。其概念由 Sherif 和 Cantril（1947）提出，Krugman（1965）将卷入度应用到市场营销研究中，探讨了消费者卷入度对其行为的影响，此后消费者卷入成为研究消费者行为的重点领域。Engel 和 Kollat（1982）

则提出消费卷入度也包括在某种特定的环境下，由某一刺激所引发的个体所投入的兴趣水平。Zaichkowsky（1985）认为卷入度是消费者在面对产品、品牌的相关信息时，依据自身需求、价值观、生活方式和爱好继而感受到事物对个人的相关程度，即，消费者卷入度是消费者对某一产品或者某一服务所感到的自我相关程度。这一概念在研究领域得到广泛认同。在本研究中，品牌社群的消费者卷入定义为：消费者参与品牌社群过程中，被社群深深吸引而形成的对社群的强烈兴趣或者是情感依附。

### 1.3.4 品牌社群企业介入度

本研究通过比较消费者建立品牌社群、企业建立品牌社群以及消费者主导的品牌社群与企业主导的品牌社群首次提出品牌社群企业介入度的概念。在本研究中，品牌企业对该品牌社群的介入程度是指在品牌社群的运行过程中，品牌企业对品牌社群的参与、支撑和管理程度。

## 1.4 技术路线和研究方法

### 1.4.1 技术路线

研究所采用的技术路线是引导本书从选题、构思、设计直到科学结论的总体性研究规划，科学和清晰的技术路线有助于提高论文研究和写作工作的效率，增强研究效果。本研究主要按照以下技术路线展开。

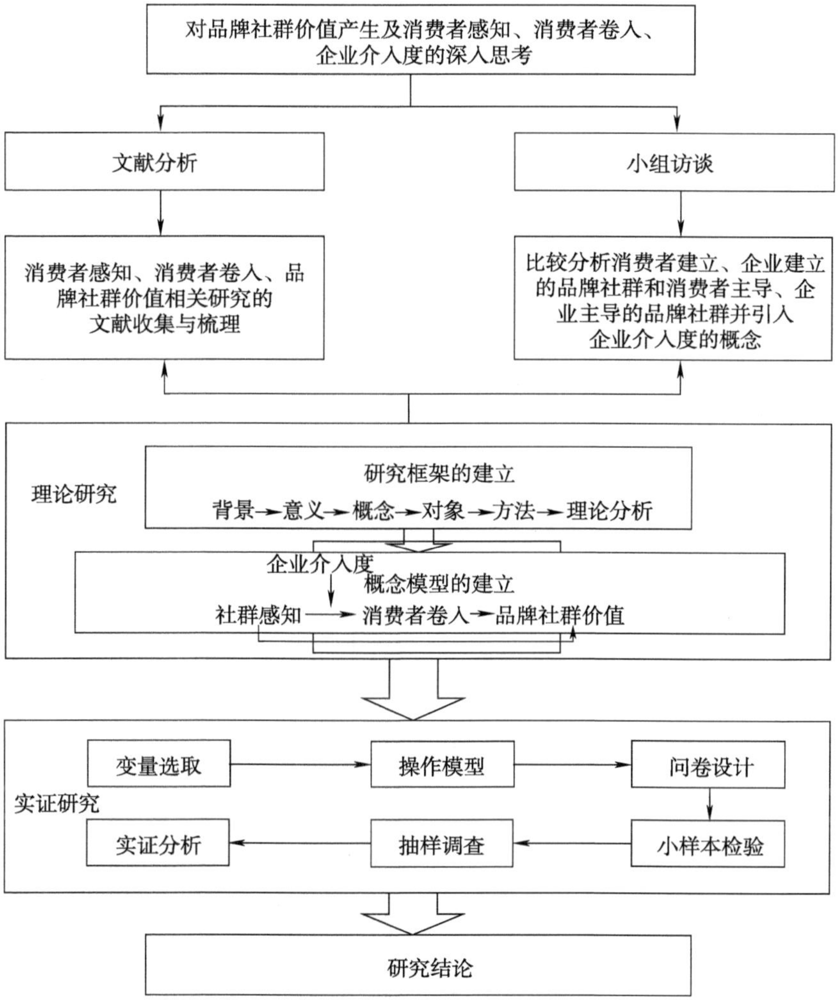

对品牌社群价值产生及消费者感知、消费者卷入、企业介入度的深入思考
文献分析
小组访谈
消费者感知、消费者卷入、品牌社群价值相关研究的文献收集与梳理
比较分析消费者建立、企业建立的品牌社群和消费者主导、企业主导的品牌社群并引入企业介入度的概念
理论研究
研究框架的建立
背景→意义→概念→对象→方法→理论分析
企业介入度
概念模型的建立
社群感知→消费者卷入→品牌社群价值
实证研究
变量选取
操作模型
问卷设计
小样本检验
抽样调查
实证分析
研究结论

### 1.4.2 研究方法

本研究采用的研究方法即“方法论”是“关于结构、逻辑组织、活动方法和手段的学问”[1]，本书采用理论研究与实证分析相结合的分析方法，具体研究方法如下：

1. 文献研究和理论演绎

为系统构建品牌社群感知与消费者卷入对品牌社群价值影响的理论模型，通过对品牌社群分类和品牌社群价值影响的深入思考，本研究对品牌社群价值、品牌社群感知、消费者卷入、企业介入度及其关系的相关研究文献进行了收集和整理；通过扎根访谈比较分析了消费者建立、品牌企业建立的品牌社群和消费者主导、企业主导的品牌社群，由此引入了品牌社群企业介入度的概念。在理论分析的基础上建立了本研究的理论研究框架。

2. 实证研究

（1）定性实证研究

本书的定性实证研究主要包括扎根理论的应用和小规模访谈两类。在文献回顾的基础上，作者发现在有关品牌社群分类的研究中，对于品牌社群中消费者与品牌企业的角色都只是简单地分为消费者建立与品牌企业建立的品牌社群两种类型，忽略了随着品牌社群发展，社群参与者主导地位的变化。为了把握这一新生事物的特征，作者在理论分析的基础上进行了扎根研究。扎根理论研究主要涉及两个方面：一是消费者主导和品牌企业主导的品牌社群是如何发展而来的并且具有什么特征？二是这两种不同类型的品牌社群会怎么影响品牌社群感知以及消费者卷入的关系进而影响品牌价值？此外，作者在调查问卷初步

---

[1] 李怀祖．管理研究方法论（第二版）[M]．西安：西安交通大学出版社，2004：2.

设计阶段，采用小规模访谈的方法，针对问卷涉及的内容和形式等向专家和其他被调研者询问意见，从而对调查问卷进行了修正。

（2）定量实证研究

定量实证研究主要是通过问卷预调研和正式调研、信息搜集、数据整理和结论运算几个步骤，利用统计分析软件和结构方程模型，进行模型的验证。在具体运作方面，作者通过探索性因子分析和验证性因子分析首先对品牌社群特征的相关维度进行了检验，然后作者就通过文献梳理、理论演绎和扎根研究，结合研究框架进行问卷设计，然后通过小规模访谈进行修正，接着进行问卷的预调研。根据预调研结果的分析，对预调研问卷进行修正从而形成正式问卷。此后再通过线上和线下两种方式进行调研，达到获取一手调研资料的目的。将相关原始资料输入软件 SPSS 20.0 和 AMOS 20.0 进行数据分析，主要采取的数据分析方法有描述性统计分析、相关性分析、因子分析、方差分析、回归分析、结构方程模型分析等，用此检验本研究模型。

## 1.5 研究创新点与特色

### 1.5.1 研究创新点

主要体现在三个方面：

第一，识别了从品牌感知到消费者卷入间的关键调节变量——企业介入度。现有研究忽视了品牌社群创建者与品牌社群主导者的不对等性，往往简单地依据参与主体在品牌创建中的贡献度判断其在品牌社群中的主导地位，从而导致了对品牌社群行为中企业主动行为作用力的低估，造成了对品牌感知和消费者卷入间作用关系的认识不清。本研究区分了品牌社群创建者与品牌主导者间的不对等性，进而揭示了企业介入度在品牌感知到消费者卷入间的调节作用，厘清了从品牌感知到消费者卷入间的作用关系，弥补了现有研究不足。

第二，揭示了品牌社群感知与消费者卷入对品牌社群价值的作用路径。现有研究大多聚焦于品牌价值，忽视了对品牌社群价值的关注，然而品牌社群是网上品牌传播中相对独立、作用突出的关键环节之一，这种忽视导致了“网络品牌行为——网上消费者反馈——品牌价值变动”的分析中，关键逻辑链条的缺失，造成了对网络品牌价值形成的认识不清。本研究聚焦品牌社群，揭示了品牌社群感知与消费者卷入对其价值的作用路径，从而补全了网络品牌价值形成过程关键环节，深化了网络品牌价值形成的相关研究认识。

第三，揭示了企业主导品牌社群和消费者主导品牌社群的形成机理。现有研究忽视了品牌社群主导者的重要作用，缺少居于主导者视角的分类，并且对不同主导者类型的品牌社群形成机理认识不清，这造成了对品牌社群主体活动和品牌社群效用发挥之间关系的认识不清，并进一步引致难于分析找到有力的企业品牌社群营销手段。本研究首次区分了品牌主导社群和消费者主导社群，在分析品牌社群形成动因及发展阶段的基础上，揭示了品牌主导社群和消费者主导社群的形成路径，推进了品牌社群分类方法以及对不同品牌社群子类形成机制的认识。

### 1.5.2 研究特色

主要包括两个方面：

第一，本研究在样本结构上特别注重与调查对象总体结构保持一致。现有研究在样本选取中较多考虑了易获性和低成本，导致抽样的均匀性、随机性和系统性略显不足。本研究基于对 CNNIC 近年历次中国互联网络发展状况统计报告的分析，并综合多家大型电商社群相关报告，依据性别、年龄、学历、职业、收入等指标选用类型抽样方法取样，确保取得样本与调查对象总体结构上的一致性，进而保证结论的可靠性。

第二，本研究综合使用消费者间互动和消费者与企业互动表征消费者卷入。现有研究主要有两点显著不足，一是只关注消费者参加社群活动次数，忽视了消费者间互动，二是偏重于考虑信息的单向传递，忽视了信息交互性。本研究在考量消费者卷入时，综合考虑消费者间互动和消费者与企业互动，对互动主体和互动方向的考虑更加全面，能够更好地考察消费者卷入。

# 第二章
# 相关文献综述

## 2.1 品牌社群的提出与发展

### 2.1.1 品牌社群内涵相关研究

1968 年 Boorstin 提出了消费社群的概念。1998 年 Muñiz 在消费社群的基础上将品牌这一核心概念融合进消费社群，首次提出了品牌社群的概念。Muñiz 认为品牌社群是将品牌作为连接核心，在顾客与顾客之间形成的一整套社会关系，且该关系不以地理地域为划分依据。该定义在顾客与顾客之间建立了沟通关系，通过品牌的连接关系形成品牌与顾客、顾客与顾客的三元框架，品牌是顾客之间沟通的基础与纽带。2002 年 McAlexander 研究证实了 Muñiz 提出的品牌社群的三个特征，并认为品牌社群是以消费者为核心建立的人际关系网络。2005 年，Algesheimer 则提出品牌社群的主要影响方式有两种，即“社群认同”和社群压力。

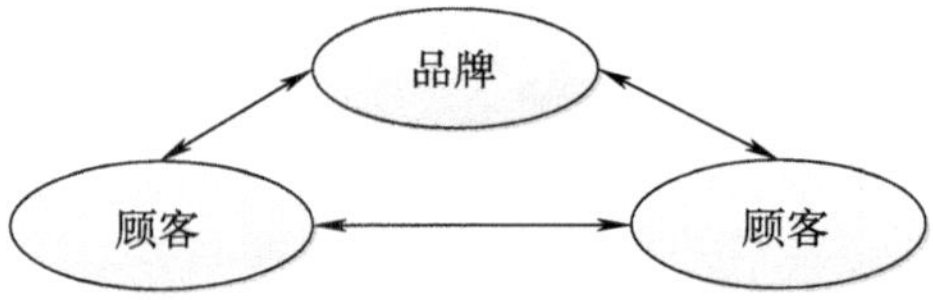


**图 2-1　Muñiz 和 O'Guinn（2001）的品牌社群关系图**

品牌社群概念的提出引起了很多学者的关注，相关品牌社群的研究在 Muñiz 之后如雨后春笋般出现，品牌社群的内涵得以快速扩充与完善。国外的研究学者对品牌社群概念的研究较早。McAlexander 和 Schouten 在 Muñiz 建立的品牌社群基础上扩展了消费者与企业、消费者与产品、消费者与营销者这三个关系，不只是局限于顾客与品牌、顾客与顾客。品牌、产品、顾客、营销者四者之间的关系突出了消费者的核心地位。消费者在品牌社群中起着举足轻重的作用，他们在社群中分享品牌体验，与社群成员互动互助，在社群中参与活动，从而形成品牌意义。品牌意义就是在这种互动与体验之中不断传播构建。

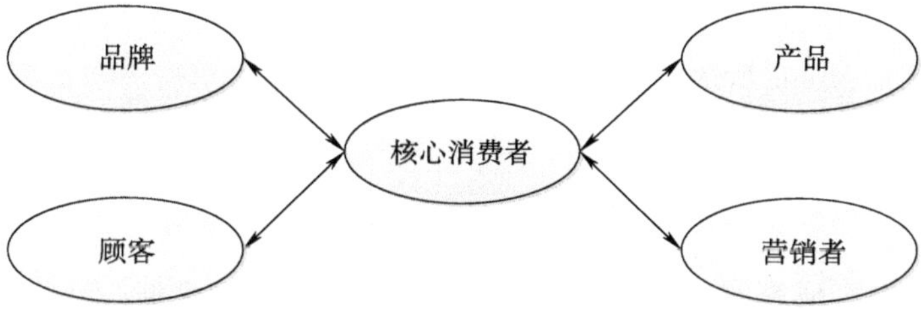


**图 2-2　McAlexander 等（2002）核心消费者品牌社群图**

Upshaw 等（2001）对品牌社群的概念进一步扩展，认为品牌社群的成员应该涵盖纳入更多主体，包含员工、消费者、股东、供应商、战略合作伙伴等利益相关者。社群成员以及社群体系围绕品牌得以扩充，品牌社群所研究的范畴增多，诸多利益相关者之间以品牌为媒介形成关系体系。

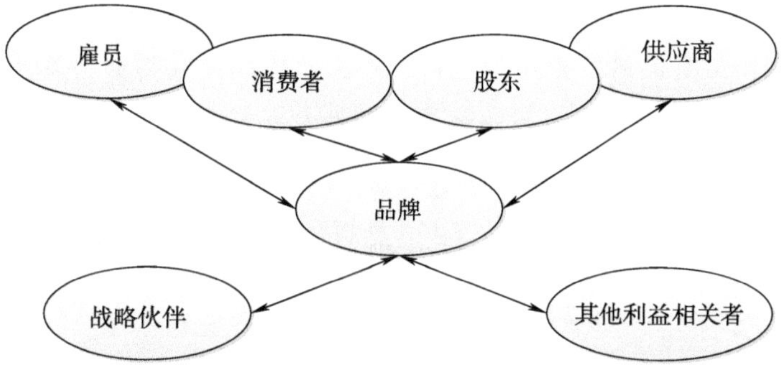


**图 2-3　Upshaw 等（2001）品牌社群利益相关者模型**

国内学者对品牌社群主体的研究起步较晚，周志民（2005）认为消费者参加品牌社群的目的是获得财务、社交、服务和形象价值，并提出了品牌社群的定义和价值的测量方法。王毅、王兴元在 2009 年提出的品牌社群所涉及的更加广泛，包含竞争品牌、专业机构、公众、政府等利益相关者，该研究认为各个主体之间的相关关系可以形成品牌社群。

国内外众多学者对品牌社群所涉及的主体进行了定义与扩充，理清品牌社群的主体为品牌社群后续研究奠定了基础。但是众多学者均在品牌社群相关研究中认可了如 Muñiz 所述的品牌与消费者之间的关系、消费者与消费者之间的关系，这两个关系构成了品牌社群的核心关系。品牌社群中核心关系能够为品牌发展提供依据，也是学者最为关心的问题，消费者作为品牌社群最核心成员，是品牌社群研究的主体。本书的研究就是以消费者为核心品牌社群主体，辅以品牌社群的各类相关关系。

### 2.1.2 品牌社群结构与特征相关研究

（1）品牌社群结构

等级制度（Hierarchy）。在品牌社群中也有类似于“等级”的分类制度，Kinsey，Klein 和 Fox 等学者分别对该问题提出了自己的看法，总的来说，中心会员和普通会员是品牌社群中的主体，外围团体成员（指那些关注品牌社群的人）也是品牌社群的重要组成成分。中心会员之所以能成为品牌社群的主体，是因为他们对社群的发展壮大具有责任感和使命感，并且在行为意见等方面对其他成员有较强的影响力，还会热心帮助其他成员解决问题等（Fox，1987）。Yun Seong Hun 在2003 年提出，中心会员无论在什么情况下与社群产生联系，都会对社群产生责任感，并且积极解决社群及成员的困难，热心于信息共享。普通会员虽然不像中心会员一样对社群具有强烈的责任感，但他们同样也关心社群的发展，并积极为社群的维持做贡献。而所谓的外围团体，指的则是能够持续参加社群活动，但积极性不高，并未受到社群吸引的集体。

规范化（Formalization）。品牌社群的建立分为两种不同的情况，一种是在成员对品牌表明正式立场并且有所意图的情况下建立的，另外一种是消费者自发建立的，并未对特定的品牌表明正式立场。相应的，社群在运营过程中，有可能存在于社群内部的规则已经形成了规范化的规章制度，从而促使社群规范有序地运营；也有可能社群的运营并未规范化，只是志同道合的成员由于相类似的兴趣及关注点而建立了一定的规则。一个以特定品牌为中心的品牌社群，可能拥有规范化的运营体制，但也有可能规范化与非规范化体制并存运营。Schouten、McAlexander 曾在1995 年提出，存在于 Harley-Davison 社群中的上位品牌社群是规范化运营的，并且维持了等级制度，但其所联系的下位集体则属于非规范化运营。

社群成员在品牌社群中的地位取决于其个人的社群参与度、领导能力、影响力以及他人对其的评价认可等因素，个人可以通过知识、技能、经验和对社群的责任等来提高自己在社群中的地位。Schouten 和 McAlexander 在 1995 年通过研究提出了自己的观点，他们主张社群的运营应为多样化、差别化运营，相比于规范化的社群等级制度，他们更偏向于下位集体的多样化等级制度，他们认为无论如何，各个下位集体都应有其独特的消费意义。

（2）品牌社群特征

国外众多学者对品牌社群的特征描述为品牌社群的研究奠定了理论基础。Muñiz 认为品牌社群与其他的消费社群具有相同的社群特征。首先，品牌社群具有同类意识，即集体意识，品牌的集体意识使社群成员区别于社群之外的人，社群成员之间通过集体意识彼此联系，品牌的同类意识表现为品牌的正统性以及对竞争品牌的反忠诚。其次，品牌社群具有一定的仪式与传统，通过仪式与传统，品牌社群的主体能够在社群中互动、分享品牌体验，品牌意义才得以不断传播，品牌社群将消费者社会化，仪式与传统是品牌社群不断发展的基础，品牌的历史、文化和故事在仪式与传统中代代相传。最后，品牌社群具有道德责任感，在社群内社群成员有责任与义务去维护社群团体的建设，帮助社群成员使用该品牌。Muñiz 对品牌社群的特征的描述表明，较好的品牌社群可以加深内部成员之间的互动交流，促成社群内部关系的发展，从而加深品牌知名度、促进品牌联想，提高品牌的顾客忠诚，进一步影响着顾客的品牌感知质量。McAlexander 等（2002）认为品牌社群的特征表现为在时间或空间范围集合内不断地对多方面的社交内容进行动态调整。Muñiz 等（2005）之后对苹果公司牛顿品牌社群进行研究，通过案例分析认为品牌社群在一定程度上具有与宗教相似的特点。Jang 和 Ko 等（2007）认为品牌社群的特征表现在社群内部信息质量、社群本身系统质量、社群内部互动、品牌对社群成员奖励四个方面。

国内学者对品牌社群特征研究较多，在 2006 年袁路将品牌社群概括为三个主要特征。第一，情感性，品牌社群情感性来源于共同的价值观、传统和仪式、道德责任感；第二，功能性，在品牌社群中社群成员需求、成员地位得到满足，品牌社群关系质量才得以维护；第三，网络性，通过便捷安全的网站能够使社群成员相互交流，促成相互分享体验。之后林青（2006）与张胜利（2008）均认为品牌社群的特征包含：共同价值观、道德责任感、仪式与传统象征、分享互动四个特征，通过上述四个特征，品牌社群得以传承保留、品牌文化得以传递。徐伟和江若尘等（2010）着重表明核心消费者在品牌社群中的重要地位，品牌社群中核心消费者是基础，核心消费者也应该作为品牌社群不可或缺的特征。台湾学者陈思瑜（2009）认为现有的品牌社群离不开对科技的接受程度、社群内部互动分享关系、社群成员参与社群活动获得奖励这三项，这是品牌社群具有的三项特征。

品牌社群可以促进社群内部品牌价值的实现，而品牌社群特征则是对品牌社群识别与利用的依据。品牌社群各个利益相关者充分利用品牌社群而获得有用信息，实现各自需求，获得品牌社群的价值。综合上述，国内外学者对品牌社群特征的研究主要集中于社会交互文化和内心情感这两个方面的表征，但是学者们忽略了品牌社群以消费者为核心，鲜有学者对品牌社群从消费社群的角度或对品牌社群从消费性方面进行分析。

### 2.1.3 小结

综合国内外的研究成果，本书认为，品牌社群是消费者寻求自身利益过程中出于对品牌的共同爱好通过虚拟或现实联系而建立的非正式组织。品牌社群承载着消费者互动和企业营销的双重社会使命，在结构上既有规范化和等级制度等正规组织特点，也有多样化和差别化的表现。关于其产生和维持的内部机制，研究者有两条主要研究方向，一是社群关系角度，以 McAlexander 等（2003，2007）为代表；二是从社群价值角度，以 Dholakia（2004）、Fesenmaier（2004）等为代表。而国内外学者认为品牌社群特征在于交互文化和内心情感，忽视了消费者为核心的社群特征。

## 2.2 品牌社群感知相关研究

### 2.2.1 品牌社群感知的基本概念

品牌社群作为一个消费社群，Muñiz 和 O' Guinn 认为具有一定的群体意识，群体意识就是社群认同，社群认同是品牌社群所拥有的最重要特征。Ellemers 等在研究社群认同中提出社群包含认知、情感以及评价三个部分。对社群的认知是对群体的感知，是社群人员对自我在社群中的定位，在自我定位中寻求自我分类，通过社群认知能够从自我出发判别出自我与社群其他成员的相似点与不同点；情感认同是品牌社群中社群成员在相互交流互动时候的感情投入，包括情感互动等，情感能够使得社群群体中成员相互依赖，促使社群成员对品牌社群形成忠诚感；社群成员认同的评价型认同则认为社群成员在活动中的行为是可量化的，基于群体自尊可以做出不同的评价，但是这是基于社群成员在情感等投入后所产生的归属感。

### 2.2.2 品牌社群感知维度相关研究

一些学者认为品牌社群认同与消费者社群参与度呈现正相关，社群参与度的表现形式是社群成员与其他成员的交流互动等行为。Algesheimer 等（2005）认为消费者与社群的关系质量可以通过社群认同来表征，消费者在品牌社群中以自己为衡量对象，自我评价对社群的归属度。文中认为社群中的成员的社群参与程度越深，越能够影响其他社群成员的参与意向，这样也越易向其他成员推荐社群品牌，社群成员的关系能够在这种积极参与互动中得到巩固与完善。他们通过实证研究验证了社群成员不断参与社群活动能提高品牌忠诚度。Bhattacharya，Rao 和 Glynn（1995）也认为对社群的认同是消费者对社群现有的仪式、规范、传统、目标的认可，这样也进一步提升了消费者在社群中所获得的价值。Bagozzi 和 Dholakia 研究认为社群成员的社群认同促使消费者的品牌认同，这会左右消费者对品牌产品的选择，社群认同与品牌认同相互作用，其相互作用机理表现在品牌社群认同直接影响成员对自我形象和品牌形象一致性的评价认识，品牌认同影响着这种一致性评价，作用于品牌社群认同；反过来，随着社群成员认同感增强，社群成员的互动合作增多，将加深对品牌的认知，增强品牌认同。综上所述，品牌社群的认同促进品牌认同，最终催生消费者的品牌行为。

Glynn（1986）认为群体认同和社群承诺之间存在强联系，在品牌社群中，社群成员通过自我感知将自己归类划分为某一品牌社群，在群体中获得社群价值，进而能增强对品牌社群的承诺。O' Reilly 和 Chatman（1986）提出成员对组织的认同能增强组织承诺，增强组织忠诚度。陈宪（2007）通过实证研究认为社群认同感越强，则社群承诺越强，社群认同是品牌社群作用于消费者的第一步，社群成员高道德感的产生前提为社群认同感达到某一程度，之后会影响社群承诺与消费者对品牌的忠诚度。

上述研究表明社群认同、社群承诺、社群忠诚度之间都有着紧密的相互作用关系，而这些因子最终能够影响社群成员的行为倾向、社群成员的参与度。品牌社群的认同是社群成员参与的前提与基础，社群成员至此产生的品牌购买意向、品牌事件参与、品牌历史庆祝、口碑传播等都与品牌忠诚、品牌认同息息相关。

社群满意度在传统意义上来讲指的是个体对于包括服务功能、环境氛围等方面在内的社群因素的感知及由此获得的心理和情感上的态度。这种传统的定义在界定社群满意度上忽视了人际关系、社会情感等因素，因此，在西方，社群满意度的概念内涵正不断扩大。根据相关研究，在国内较为支持的社群满意度已经成为一个较为广义的概念，通过相关验证，该概念被定义为成员在社群内部人际互动、价值系统、生活经验等方面的认知和感受。

国内外学者曾从多种不同的角度和方面对社群满意度问题进行了相关研究。1975 年，Rojek，Elemente 和 Surnmers 通过建立社群服务质量指标体系来测算社群满意度，体系中所包含的指标是包括社群学校、社群医院、社群安全等在内的社群环境指标，通过调查居民对这些指标的满意程度来测算居民的社群满意度。1986 年，Anthea 和 Ken 通过研究提出，居民的利益是否受到影响是影响社群满意度的一个重要因素，通过评价与居民利益相关的各种社群环境特征即可得到社群满意度。2004 年，陈志霞提出了社群满意度所涉及的影响因素，社群环境、人际关系、交通、安全、卫生、文化、政治等都包含在内，而且社群满意度可以看作是社会满意度的中观层面。2007 年，范志敏提出，社群满意度相当于个体对生活质量的评价，它不仅涉及环境因素，而且涉及个体的需求和期望，理想与现实之间的距离会对社群满意度产生影响。第二年，杨凯凯提出了上文所提到的广义的社群满意度的概念。通过大量阅读和总结社群满意度的相关文献，本书认为，品牌社群满意度取决于社群成员的主观需求和现实中的客观存在相吻合的程度，是消费者成为虚拟品牌社群成员后，通过参与社群活动，对社群环境、人际互动、价值体系、生活经验等方面的心理认知和评价。

在对虚拟社群满意度的影响因素方面，Ives 和 Olson 于 1984 年曾提出，成员参与度越高，对于社群的接受度和使用率就越高，另外，参与度也是影响虚拟社群满意度的一个因素。Ha 和 James（1998）认为，随着成员对社群的认知和感受的增加以及与他人之间交流机会的增加，社群满意度会在某种程度上得到提升。2000 年，Zhang 和 Gisela 提出了相似的观点，在消费者满意度的影响因素中，网站的信息交流互动占据了非常重要的地位。

个体的满意度会对其消费行为产生影响，1970 年 Nemeth 提出，态度在先，行为在后，如果消费者能够对一个网站产生兴趣并表现出较为满意的态度，他就会对该网站产生信任和忠诚，良好的口碑再加上人与人之间的口口相传，会使得该网站的用户不断增加，形成放大效应，这也是网站创建者的初衷。Fishbein 和 Ajzen 在 1975 年提出，影响行为的态度指的就是个体的满意度。

### 2.2.3 品牌社群感知的作用机理

当前关于品牌社群的研究重点在于品牌社群感知对品牌关系的作用机制。例如，Jang 等（2008）研究了社群承诺与品牌忠诚的关系，Algesheimer 等（2005）和 Madupu 等（2010）探讨了社群参与对品牌忠诚的作用，Sergio 等（2010）、David 等（2010）和周志民等（2011）的研究揭示了社群认同对品牌忠诚的作用。

### 2.2.4 小结

本研究认为，品牌社群感知是消费者在与品牌交互作用下，对品牌产生情感认同，进而形成的品牌社群中自我定位的认知和行为的评价。品牌社群感知与社群成员参与程度、社群承诺、社群满意度以及个体满意度有关。品牌社群感知对品牌关系的维护和发展有重要作用，并受到了学术界的重视。

## 2.3 品牌社群消费者卷入相关研究

### 2.3.1 品牌社群消费者卷入的基本概念

消费者卷入度在市场营销领域得到了广泛的运用，消费者卷入度对消费者各种行为都产生一定影响。其概念是由 Sherif 和 Cantril（1947）提出，Krugman（1965）将卷入度应用到市场营销研究中，探讨了消费者卷入度对其行为的影响，此后消费者卷入度成为研究消费者行为的重点领域。Engel 和 Kollat（1982）则提出消费卷入度也包括在某种特定的环境下，由某一刺激所引发的个体所投入的兴趣水平。Zaichkowsky（1985）认为卷入度是消费者在面对产品、品牌的相关信息时，依据自身需求、价值观、生活方式和爱好继而感受到事物对个人的相关程度，即，消费者卷入度是消费者对某一产品或者某一服务所感到的自我相关程度。这一概念在研究领域得到广泛认同。

消费者卷入反映了人们内部对事物所存在的状态，影响人们整个消费过程中有关信息的搜寻、加工、应对机制。其表现为人们对事物投入的关注、感觉与认知。

### 2.3.2 品牌社群消费者卷入维度相关研究

本书通过梳理文献，总结出品牌社群中消费者卷入维度划分方式，分别是以动机为导向、以过程为导向、以结果为导向。消费者卷入品牌社群全程受到动机的驱动，通过参与过程体现出来，形成消费者卷入的不同结果。

（1）动机导向的消费者卷入维度划分

动机导向的消费者卷入维度的划分基础是认为消费者卷入社群活动是受到动机驱动，将消费者卷入社群活动的动机作为划分依据。Mathwick（2010）的动机导向的消费者卷入维度划分具有一定的典型性。文中认为消费者卷入品牌社群的驱动因素来自信息与社交两个方面。两个驱动因素各自作为一个维度，而同一维度以驱动高低划分层次，这样形成两个维度两个层次的矩阵模型，表现为四种类型，分别为低信息低社交的自我型参与、低信息高社交的社交型参与、高信息低社交的信息型参与、高信息高社交的交换型参与。

（2）过程导向的消费者卷入维度划分

过程导向的消费者卷入维度划分更看重消费者在品牌社群中的参与过程。在社群活动参与过程中，从消费者在社群中参与积极性以及互动程度、参与社群活动的参与方式这些角度对消费者卷入维度进行划分。Ridings 等人（2006）指出高互动型的互动参与以及低互动型的浏览参与这两类就是依照品牌社群成员相互交流分享的程度予以划分的。Kellog（2008）将品牌社群与顾客参与理论相结合，将品牌社群在以服务过程为导向的情况下，鉴定了品牌社群消费者卷入可以划分为前期准备、决策、信息沟通共享、互动关系的建立、互动关系维持五个阶段。林亦苹（2010）比较完整地划分了以过程导向的消费者卷入，文中认为品牌社群中消费者卷入包含浅层次的信息交换、较深层次的心灵互动，以及高层次的社群认同感三个层次。信息交换是对品牌知识的传播，心灵互动即感情上的互动交流，而品牌社群的认同感是基于信息交换以及情感互动这两个层次发展起来的。

(3) 结果导向的消费者卷入维度划分

结果导向的消费者卷入维度划分则认为消费者在品牌社群中参与之后所带来的结果尤为重要，包括贡献程度、参与时间、参与程度、参与水平这几个方面。Wang 和 Fesemnaier（2004）提出的品牌社群成员形态与 Kozinets（1999）的分类相似。他们利用社群成员在固定时间内参与时间长度以及固定时间内参与次数这两个数据对参与水平进行描述，同时利用消费者与社群成员进行信息交流共享互动的积极程度作为对社群的贡献程度，将参与水平与贡献程度这两因子进行实证研究，该数据的获得过程也等同于对消费者卷入结果导向的维度划分。Ellison（2007）利用社会资本理论实证研究大学生 SNS 网站时，认为消费者卷入表现形式有行为参与和情感参与两种类型，并运用社群认同感、归属感解释了上述两种参与方式，具有较高的创新意义。国内学者范晓屏（2010）将虚拟品牌社群中消费者卷入最终划分为随意浏览、积极互动、倡导协调和组织管理四个类型，基于参与水平和参与层次两个维度。

综上所述，以结果为导向的品牌社群消费者卷入维度不仅包含消费者行为参与维度，而且从情感交流互动的角度研究消费者卷入能够更加全面地衡量社群活动，更具有科学性和实际性。

### 2.3.3 品牌社群消费者卷入形态相关研究

对虚拟社群成员形态的研究为品牌社群成员的形态研究提供了参考与依据。现有对虚拟社群成员形态的研究中对虚拟社群成员的分类较多。早在 1999 年，Kozinets 将虚拟社群成员形态依据社群活动的参与方式以及社群成员的互动角色，最终划分为浏览者、社交者、贡献者和内部者四类。浏览者的角色定义为较低程度地参与社群活动，而其目的是获得相关产品或者品牌信息，较少有机会与社群成员互动，对社群内信息的传播作用较小，是社群价值的索取者；社交者参与社群活动较多，与社群其他成员互动较多，但对社群内提供价值不大；贡献者在虚拟社群中提供相关产品、折扣或者品牌信息，是社群中的价值提供者与信息传播者；内部者是在虚拟社群中社交参与度最高，其所承担的角色受成就等高层次动机的驱动，联系着社群中各个形态的社群成员。Schouten 和 Mc Alexander（2007）按照社群成员的参与程度和对社群的价值，将虚拟社群成员概括为浏览者、贡献者和参与者。Albert 和 Thomas（2011）则认为按照虚拟社群中成员的参与角色以及参与形式，虚拟社群成员可以分为被动者、主动者、诱导者和管理者。品牌社群成员形态种类的划分在一定程度可以参照之上虚拟社群的研究。

如上图所示，图中的浏览者，参与目的是获取相关产品、品牌或折扣等相关信息，参与程度低，与社群成员互动少，与社群联系较小；社交者参与目的是与其他成员交流沟通，实现社交价值，与成员联系较强，但对社群的贡献价值较小；贡献者的社群参与程度较深，其在社群中的角色从价值索取者转变为价值提供者；内部者是品牌社群中参与程度最高的成员形态，其参与目的不是获取实际性价值，而是受成就动机的驱使，与社群成员及社群的联系是最为紧密的。

### 2.3.4 品牌社群消费者卷入影响因素及作用机理相关研究

Algesheimer 和 Dholakia 在 2005 年研究了欧洲汽车俱乐部这一品牌社群，在品牌社群中，社群成员对品牌社群的认知感越高，认同感越好，顾客在社群内就越少保留个体的独立性与个性，在参与社群内活动的时候表现更积极，并愿意与社群中其他成员分享个人体验，与他人互动，从而能够长期地留在社群之中，在社群之中不易感受到来自社群的规范性压力。Algesheimer 等深入地分析认为品牌社群同样能够反作用于个体消费者，驱动消费者参加品牌社群活动，参与品牌社群社交的因素源于品牌社群的认同感。该作用机理使得品牌社群的主要参与者与品牌企业的品牌关系质量得到了巩固，作用关系有了理论支撑，促进社群的持续行为与推荐行为。

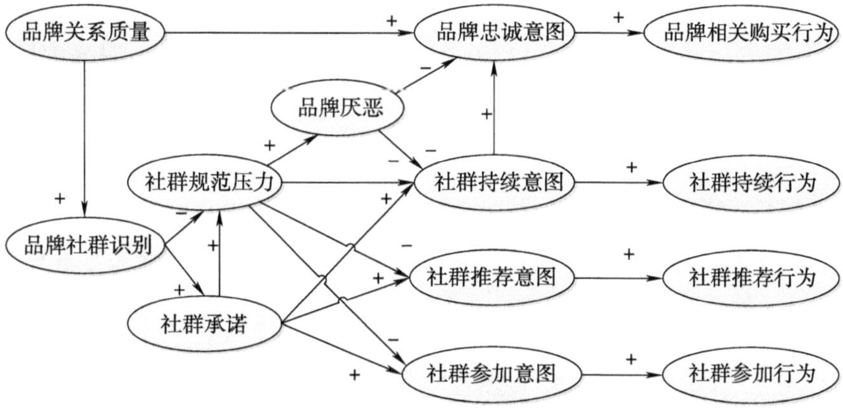


**图 2-4　Algesheimer 等（2005）品牌社群的社会影响图**

在 2005 年 McAlexander 等对大学的社群进行了研究，大学社群作为一个特殊的品牌社群，也能够为品牌社群的作用机理提供一定的借鉴。将学校作为品牌社群，其品牌社群的关系质量能够直接影响学生的忠诚度，而该忠诚度对学校后续建设有很重要的作用。2007 年 Schouten 等从品牌社群具有消费信息的特性入手，认为顾客参与到品牌社群之中能够从中获得消费价值，研究认为在品牌社群中，顾客从社群活动中获得非寻常的消费体验越好，越能拉近社群成员与社群的关系，进一步巩固以消费者为核心的品牌社群关系，促使品牌忠诚度提高。

Carlson 等（2008）也从品牌社群的特征入手，品牌社群所具有的社会性和心理性，影响着不同社群主体的加入，社群成员通过心理感知获得品牌承诺。品牌社群个体的心理感知对品牌的承诺有着正面积极的作用，从而促进成员参加品牌活动、品牌宣传得以开展。该研究创新性地提出品牌社群的社会性和心理性对品牌承诺的作用机理。

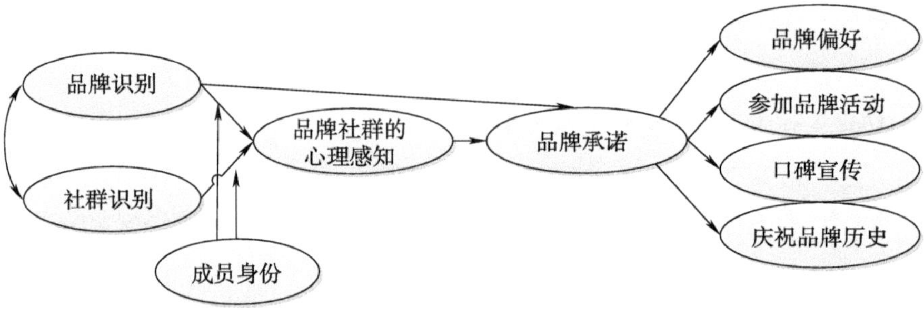


**图 2-5　Carlson 等（2008）品牌社群的社会性和心理性对品牌的影响**

王新新、薛海波（2010）从社会资本的角度对品牌社群进行研究，指出品牌社群存在社会资本结构与社会资本关系两个维度，社会资本关系受到自愿、互惠、信任三个因子影响。在品牌社群中消费者从中获得信息价值和社会价值，促进品牌社群承诺，进而提高品牌忠诚度。品牌忠诚所带来的信息价值能够作为保健因素，是品牌忠诚的基本条件，而社会价值作为激励因素可以增强品牌忠诚。

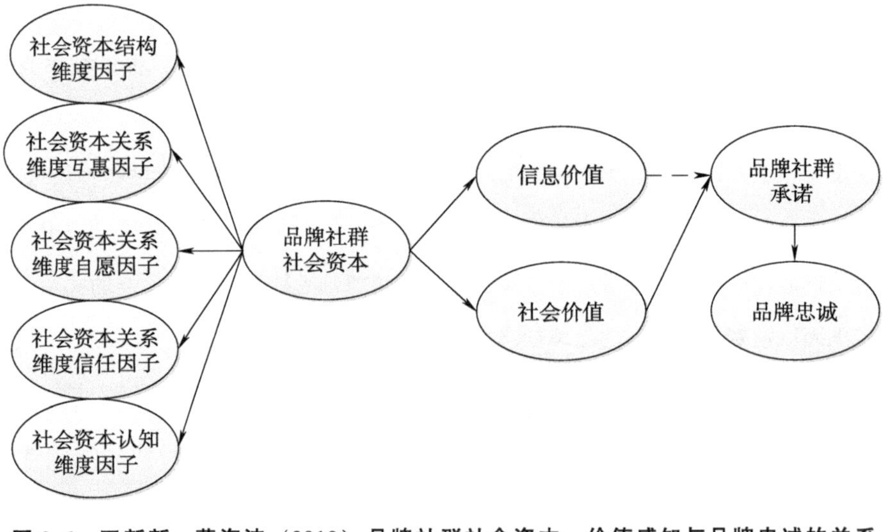


**图 2-6　王新新、薛海波（2010）品牌社群社会资本、价值感知与品牌忠诚的关系**

### 2.3.5 小结

国外针对消费者卷入度的研究较多，而国内对这一领域的成果还不充分。研究者对消费者卷入的概念、维度、形态、影响因素以及作用机理做了丰富的研究并提出了一些理论模型，加强了理论解释力。消费者卷入反映了人们内部对事物所存在的状态，影响人们整个消费过程中有关信息的搜寻、加工、应对机制。其表现为人们对事物投入的关注、感觉与认知。

## 2.4 品牌社群价值相关研究

### 2.4.1 品牌社群价值的基本概念

### 2.4.2 品牌社群价值维度相关研究

学者们对品牌社群内社群成员参与动机以及对参与主体带来的价值进行了进一步研究。Wang 和 Fesenmaier（2004）认为品牌社群因为具有功能性，在社会团体中通过互动，得到心理和享乐价值。Jiraporn Surachartkumtonkun（2007）将品牌社群价值分为三个类型——情感价值、社会价值和功能价值。国内的研究以周志民（2005）的研究最为有代表性，周志民通过构建数学模型，对品牌社群的消费价值进行量化研究，通过因子分析，认为品牌社群的价值体现在财务价值、形象价值、服务价值、社交价值。国内大多数研究多是定性研究，对品牌社群带来的价值进行分门别类，林青（2006）将品牌社群的价值分为七个类型，认为品牌社群能够在财务价值、产品价值、服务价值、社交价值、关联价值、形象价值、人员价值七方面起到作用。金立印（2007）

将品牌社群的价值概括总结为财务价值、信息价值、社交价值、形象价值和娱乐价值。刘新和杨伟文（2011）认为在品牌社群中社群成员能够从外在、社会和心理这三个方面获得价值。王新新和薛海波（2008）研究品牌社群人员的参与程度受到社交、休闲娱乐、信息、能力成就和经济利益这五个因子的驱动，而这五个因子是在探索性和验证性因子分析之后得到的。综合上述，通过对品牌社群带给社群主体的价值以及加入品牌社群的动机的定性与定量研究，认为品牌社群从多方面给社群主体带来价值，而品牌社群创造价值的方式，以及对社群主体的作用机理还需要进一步研究。

（1）品牌社群对消费者的价值

根据美国著名的市场营销学专家菲利浦·科特勒的“顾客让渡价值理论”，个体在考虑是否加入品牌社群时会对所付出的成本与所获得的价值进行衡量比较。品牌社群带给消费者个体的价值可归纳为三个方面：一是品牌社群带给消费个体的外部价值。周志民（2005）通过对品牌社群对于消费者个体的价值进行研究，认为品牌社群包括服务、物质、精神和形象这四个方面的价值，并将这四种价值按照性质和方向这两个维度进行划分，构建了品牌社群消费者价值矩阵模型。

Bagozzi 和 Dholakia 在 2006 年通过研究品牌社群的价值维度提出，品牌社群蕴含着其所包含品牌的品牌理念、品牌文化、品牌价值观等，这些因素会从不同的方面对消费者的价值理念、生活方式等产生影响。2007 年，金立印提出，品牌社群的消费者价值包括四个方面——财务、信息、社交和娱乐。

（2）品牌社群对企业的价值

在品牌社群的企业及社群价值的研究方面，2006 年林青提出，顾客参与品牌社群会提高企业和品牌的知名度、认知度，并在一定程度上促使顾客价值产生，使顾客形成对该品牌的信任和依赖，这不仅意味着企业降低了顾客维系方面的成本，而且提升了品牌资产；2010 年，王军对品牌社群的企业价值进行了定性研究，并根据研究结果提出了品牌社群的营销策略；2013 年，朱丰构造了品牌社群价值矩阵，包含了成员价值和社群价值两个维度，他认为，企业价值或者社群价值以及消费者价值都是在社群活动的过程中产生的，在这个过程中，两种价值的产生互相交织、同时进行。

### 2.4.3 品牌社群价值影响因素及作用机理相关研究

品牌社群的形成机理模型由周志民于 2005 年构建（见图 2-7），该作用机理模型重在强调顾客的核心地位，以顾客让渡价值、顾客满意度、顾客忠诚度这三个方面作为支撑框架，顾客在品牌社群中通过参与体验等方式促进了品牌社群的形成。而让渡价值是在价值与成本的推动作用下进行的，在品牌社群中的顾客参与度、顾客满意度和顾客忠诚度对品牌社群中的核心社会关系作用下，最终形成品牌社群。之后周志民和李蜜于 2008 年通过文献分析以及理论研究指出品牌社群的形成受到信息价值、社会认同、品牌体验、种族或文化差异这四个因素的驱动，之后其观念得到后续学者的验证。

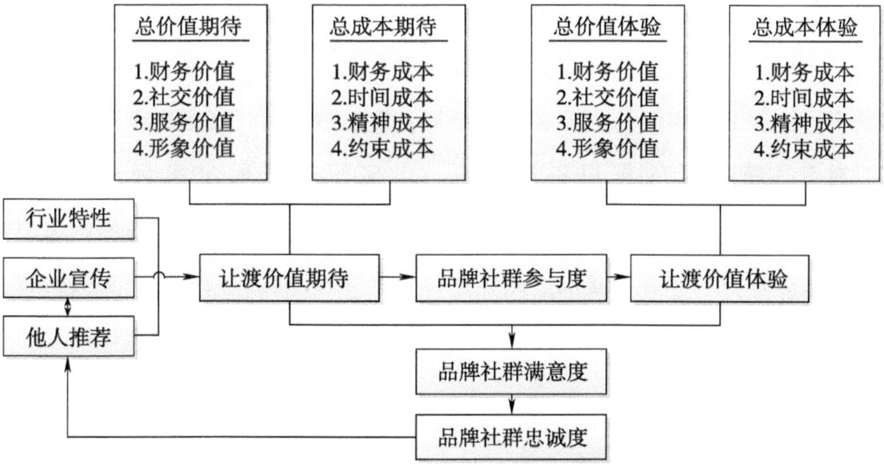


**图 2-7 周志民（2005）品牌社群形成机理模型**

### 2.4.4 小结

国内学者对品牌社群主体的研究起步较晚，王毅、王兴元在2009年提出的品牌社群所涉及的更加广泛，包含竞争品牌、专业机构、公众、政府等利益相关者，该研究认为各个主体之间的相关关系可以形成品牌社群。

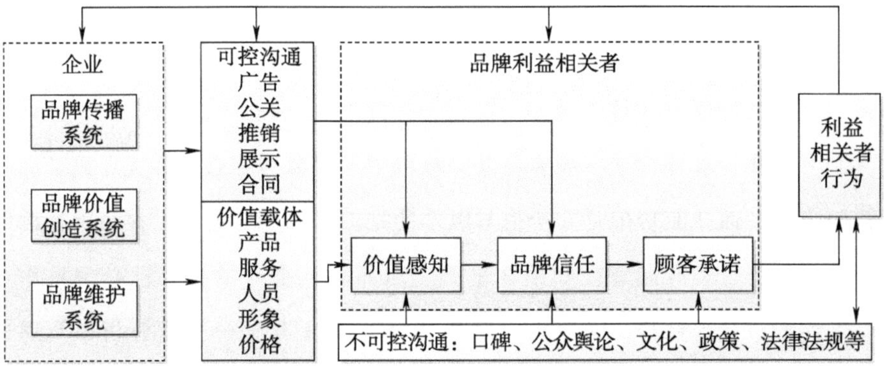


**图 2-8 王毅、王兴元（2009）广义品牌社群的基本作用原理**

上述学者的研究共识是品牌社群的形成是通过顾客价值的感知价值影响顾客的，周志民的观点是顾客感受到品牌社群价值后会进一步影响顾客满意度和忠诚度，王毅和王兴元认为顾客价值感知会影响品牌信任和顾客承诺。

对于品牌社群的作用机理研究，大多研究是通过案例分析得到。McAlexander等在2003年实例研究品牌满意与品牌社群整合对顾客忠诚度的影响。对品牌社群与顾客满意度、品牌社群与顾客忠诚度的关系研究表明品牌社群能够在较大程度上影响顾客满意度，进而影响顾客忠诚度，品牌社群对顾客忠诚度的作用不是很显著。

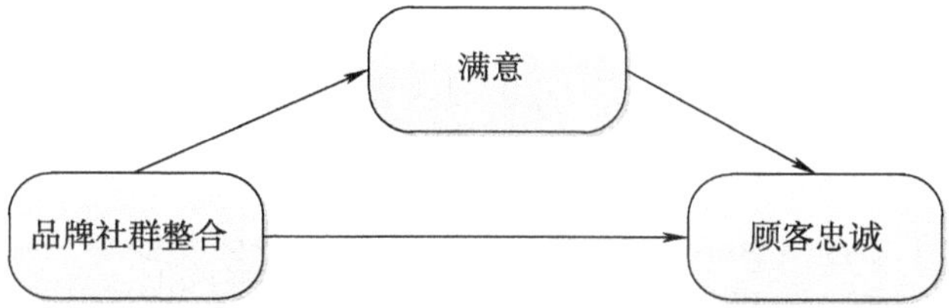


**图 2-9 McAlexander 等（2003）品牌满意与品牌社群整合对顾客忠诚的影响**

在 2005 年 McAlexander 等对大学的社群进行了研究，大学社群作为一个特殊的品牌社群，也能够为品牌社群的作用机理提供一定的借鉴。将学校作为品牌社群，其品牌社群的关系质量能够直接影响学生的忠诚度，而该忠诚度对学校后续建设有很重要的作用。2007 年 Schouten 等从品牌社群具有消费信息的特性入手，认为顾客参与到品牌社群之中能够从中获得消费价值，研究认为在品牌社群中，顾客从社群活动中获得非寻常的消费体验越好，越能拉近社群成员与社群的关系，进一步巩固消费者为核心的品牌社群关系，促使品牌忠诚度提高。

Jang，Ko 和 Koh 等在 2007 年研究认为品牌社群的特征对品牌社群承诺存在一定的影响力，品牌社群类型对品牌社群的四个特征——信息质量、系统质量、互动和活动奖赏也有影响。品牌社群承诺作为中间变量进一步作用于品牌

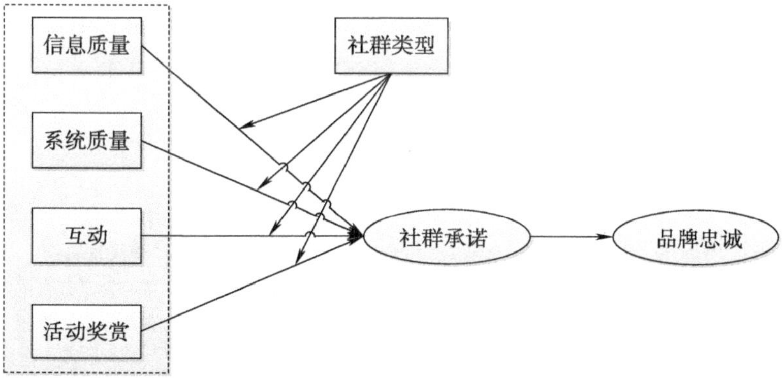


**图 2-10 Jang 等（2007）品牌社群特征对品牌社群承诺及品牌忠诚的影响**

忠诚，研究认为以消费者为核心的品牌社群要优于以企业为核心的品牌社群，以消费者为核心的品牌社群承诺作为中间变量影响着顾客忠诚度的作用机理为今后研究社群作用机制提供了借鉴。

薛海波和王新新（2009）的研究表明超然消费体验越好，则消费者对品牌忠诚度越高，而品牌依恋与品牌成瘾性是超然消费体验和品牌忠诚的媒介与桥梁，起着中间作用。品牌依恋以及品牌成瘾性，能够促使品牌忠诚。超然消费体验这一概念认为品牌社群中成员互动能够促进消费信息的传播，进而提出了消费社群对顾客忠诚的作用机理。

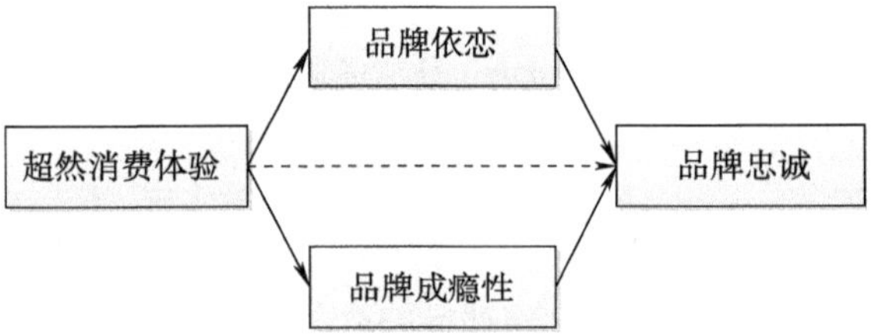


**图 2-11　薛海波、王新新（2009）品牌社群体验对消费者品牌忠诚的影响**

朱国玮和杨玲（2010）在收集虚拟品牌社群的网络论坛评论的基础上，以扎根理论为支撑基础，构建了基于品牌社群的影响模型，该模型发现品牌的口碑信息能够影响顾客的行为，社群成员在满足加入动机的基础上若满足了顾客需求，则会与成员进行互动，最后形成的品牌态度直接导致消费者的购买意愿以及品牌忠诚。需求满足过程理论能够验证该作用机理。

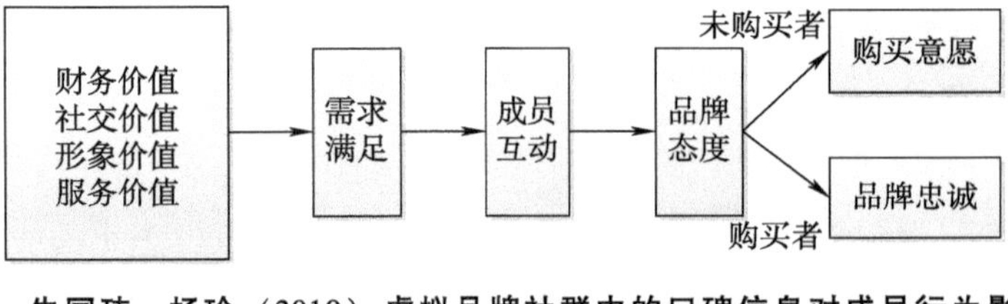


**图 2-12　朱国玮、杨玲（2010）虚拟品牌社群中的口碑信息对成员行为影响机制**

王军和江若尘（2010）从品牌社群认知、情感、评价对品牌关系的作用出发研究。品牌社群中不同层次的社群认同能够加深品牌认同，促进社群承诺，对品牌忠诚的作用尤为明显。

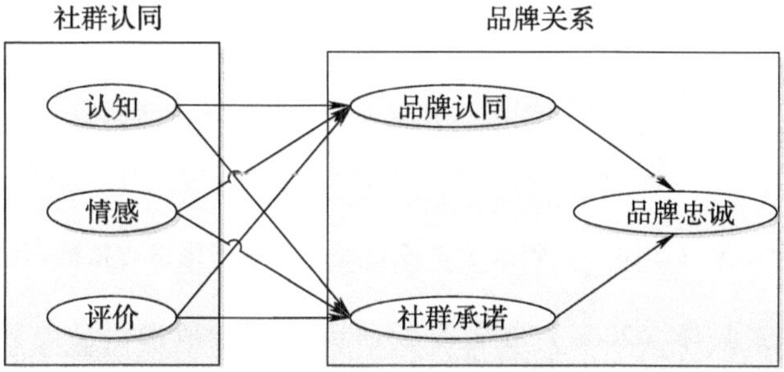


**图 2-13　王军、江若尘（2010）品牌社群认同对品牌忠诚的影响**

国内外学者对品牌社群作用机理的研究不仅集中于其正面的促进作用，也有部分学者研究发现品牌社群能够反作用于品牌忠诚，对品牌忠诚起着负面作用。以 Algesheimer 等人（2005）的研究为例，文中认为社群内参与程度与对社群内部规范性压力的感知存在正相关，参与时间越久，越易感觉社群规范性压力。而规范性压力会降低社群成员参与互动的频率，并影响品牌推广的积极性，甚至有时还会导致出现抵抗心态，从而负面影响着品牌忠诚度。

学者们对品牌社群的作用机理的研究为今后研究主题提供了借鉴。也有学者从社群内部这个角度对品牌社群进行了研究。李海廷和张明玮（2006）在较早的研究中定性地指出品牌社群对市场营销起着多方面的作用，品牌的关系质量、品牌的资产价值、品牌的顾客满意度等诸多方面能够在品牌社群中体现出来。徐伟等（2010）以实证研究为基础，以社群成员与社群本身的作用机理为依托，认为品牌社群具有的关键消费者、同类意识、传统、道德等方面的特征维度会影响社群成员对社群的归属感，影响社群成员的忠诚感。

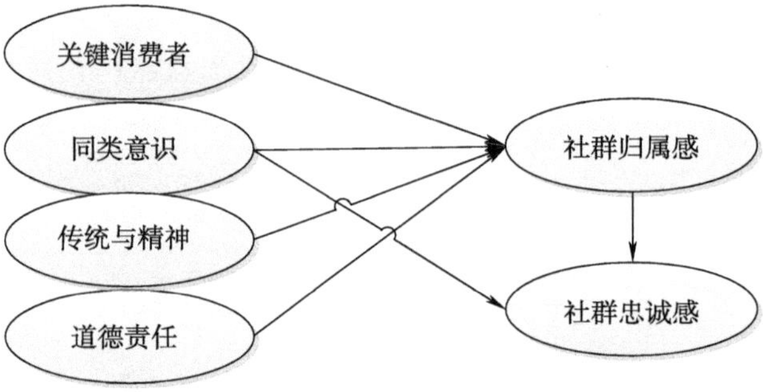


**图 2-14　徐伟等（2010）品牌社群特征维度、顾客归属感与社群忠诚感的关系**

李海廷和张明玮（2006）在较早的研究中定性地指出品牌社群对市场营销起着多方面的作用，品牌的关系质量、品牌的资产价值、品牌的顾客满意度等诸多方面能够在品牌社群中体现出来。

从国内外学者对品牌社群作用机制的研究成果来看，多数研究集中于品牌社群对品牌忠诚度的作用机理，以品牌社群的特征为出发点，认为品牌忠诚形成途径之一是通过品牌社群。其作用机理中提出顾客满意、社群承诺、归属感、认同感、品牌依恋、品牌成瘾性、品牌承诺、品牌关系质量等因素作为品牌忠诚度与品牌社群之间形成相互作用关系的媒介。实证表明顾客忠诚度较顾客满意度更容易受到品牌社群的影响。

品牌社群中成员能够积极推进产品的创新，是产品创新的来源之一。Johann Füller 和 Kurt Matzler 等（2008）认为品牌社群内社群成员对于品牌及品牌产品较为熟悉，基于此认为在品牌社群互动活动中，成员通过相互帮助解决问题能够集结出新的想法，形成新的创意，促成产品的创新。众多学者通过对结构方程模型的运用，认为消费者的创新意识、消费者得到品牌社群认同、消费者出于对品牌的信任与认可而对品牌产生浓厚兴趣这几个方面能够促进消费者参与到品牌厂商之中，促进社群内的知识传播与共享。同时，认为社群成员的性格也会对品牌的创新性有影响。此外，也有学者发现在品牌社群中拥有创新性的消费者更容易对产品创新产生兴趣，参与到产品创新过程与活动之中。实例验证了品牌社群成员的性格特征促使社群成员对品牌产生信任，进而参与产品创新，而持有的创新技能能够加速创新过程。

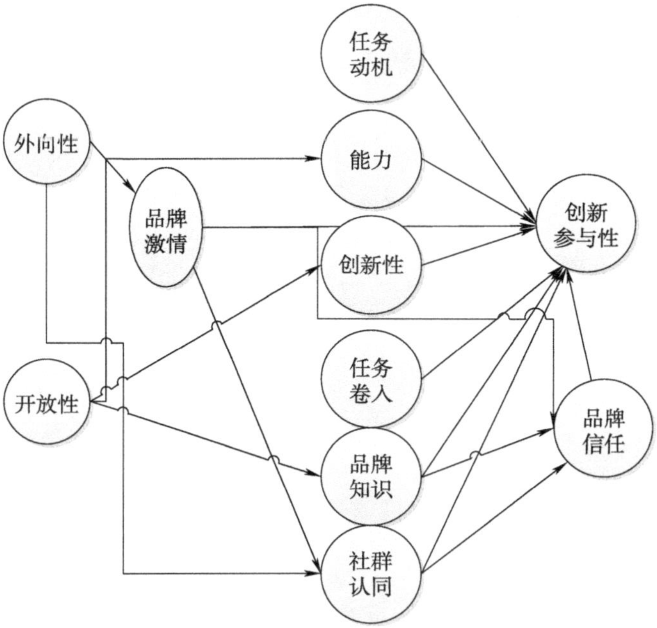


**图 2-15　Füller 等（2008）品牌社群成员参与新产品开发的意愿**

Scott 和 Rajiv（2008）从品牌社群成员对品牌新产品的接受难易程度的角度出发研究，发现社群成员对新产品的接受程度与在社群中的活跃程度相关，参与程度越高，越不可能转向竞争品牌，具有较低的反忠诚，在品牌社群中参与程度愈深，参与时间愈久，愈易接受品牌对新产品的推广。在该研究中还发现若社群成员同时隶属于多个品牌社群时，在某一品牌社群参与时间越久，越有可能转向竞争品牌社群，接受竞争对手新开发的产品。

Schau 等（2009）在对九个品牌社群研究过程中，发现消费者通过参与社会网络、社群参与、品牌使用、印象管理这四大类活动中包含的十二种社会实践活动来获得某品牌的消费价值。在社会实践活动中，老成员欢迎、同情、指导帮助新成员，社群成员通过网络注册发言等促进社群成员的交流分享体验，品牌在使用过程中通过这四大类活动循环往复产生的消费机会，形成品牌效用，实现品牌价值。该研究为品牌社群创造消费等价值的路径提供了思路，品牌社会实践活动的分类也是对品牌社群创造价值的阶段进行划分，对品牌社群的作用机理有一定的理论指导意义。

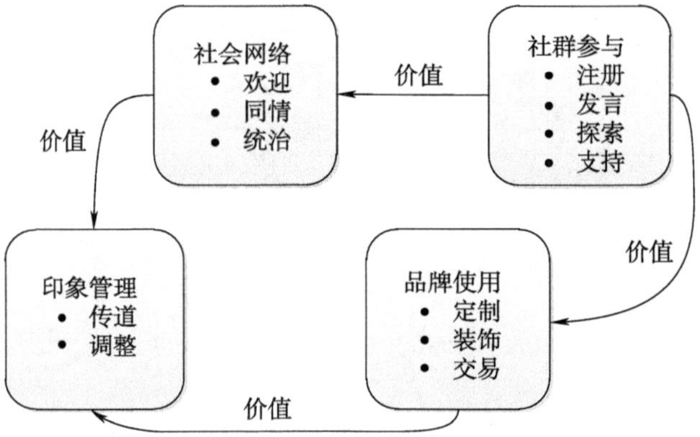


**图 2-16　Schau 等（2009）品牌社群实践创造价值的模型**

Sou-Chin Wu 等（2010）提出品牌创新有企业内部与外部两条路径，品牌社群的创新是企业外部创新的重要手段。学者们通过实证研究，证明品牌社群成员在人力资本的调节作用下通过积极的互动合作能够推动创意的产生，同时品牌社群成员能够通过互动增加对品牌知识的了解，品牌知识也是创意产生的重要推动力。

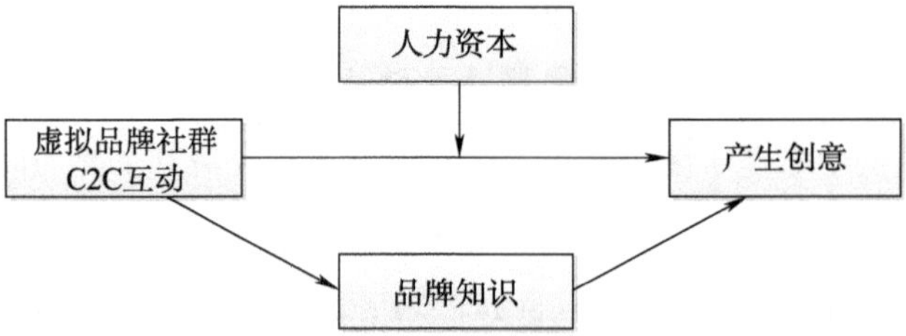


**图 2-17　Sou-Chin Wu 等（2010）虚拟品牌社群互动对创意产生的影响机理**

综上所述，众多学者对品牌社群的研究拓展到产品的创新领域，产品创意、产品开发等离不开创新，识别品牌社群对产品各个环节创新的作用机理有助于企业从品牌社群入手推动产品创新，促进品牌社群产生新价值，其意义深远。

## 2.5 相关研究主要启示与不足

目前围绕着品牌社群概念，国内外的研究较为深入，但不全面，对其结构，价值等延伸概念都有较多的论述，对于消费者卷入度和社群价值相关计量，也有更加精确的模型，甚至进而延伸到了产品的创新领域。应当说，研究者对品牌社群的概念挖掘是充分的，对品牌社群的应用领域也颇有建树。但当前对于品牌社群形成机制的研究却相对薄弱，主要的研究成果是从消费者角度分析其参与品牌社群的原因和心理过程。同时，从消费社群的角度对品牌社群从消费性方面进行分析的研究也缺少。今后关于品牌社群的研究者应当对以上不足加以克服。

# 第三章

# 概念模型机理分析

## 3.1 概念模型基本结构

随着竞争加剧和成本高企，企业在努力追求不断赢得消费者的同时，更加注重与消费者保持基于价值互动的长期互惠关系。为了加强企业与消费者以及消费者之间的信息交流与分享，会员俱乐部、车友会等各类消费者群体应运而生。与此同时，日益渗透到消费者生活和工作的各个角落的互联网为实现企业与消费者跨越时空限制的信息交流提供了广阔的平台。事实上，越来越多的企业开始运用互联网和新型媒体平台作为工具来加强他们和消费者之间的交流和经验分享，甚至从消费者的意见和建议中找到生产或运营过程中遇到问题的解决方案。特别是在近几年，越来越多的组织意识到可以利用虚拟社区来解决问题、提高共同利益（如苹果、哈雷戴维森、萨博等）。Boorstin 早在 1973 年就提出了消费社群是（对同一品牌或者产品的消费）具有相似准则、价值观和习惯的消费者们组成的群体。而品牌社群就是消费社群中的一种特殊形式。不同于其他消费社群的概念，品牌社群专注于品牌本身，加入品牌社群的是着迷于某一特定品牌、志趣相投并能够在社群中交流经验的消费者。品牌社群是一种新的消费现象，它的形成既是个体消费行为嵌入介于品牌企业与市场之间的一种社会网络机构的突出表现，也是消费社会的一种趋势。对品牌社群的研究也标志着消费者的研究范式从消费者个体研究向消费者群体研究的转变，更体现了关系营销的研究从传统的交易营销范式向网络化营销范式的转变。

本研究基于消费者行为理论关于“感知-行为”的研究范式，构建出了本研究的概念模型。本研究认为消费者对品牌社群的感知对消费者参与品牌社群存在影响，并提出了企业在品牌社群中的介入程度对这种关系具有影响。同时，品牌社群中消费者卷入影响了品牌社群价值和品牌价值。由此，本书提出概念模型，如图 3-1 所示。

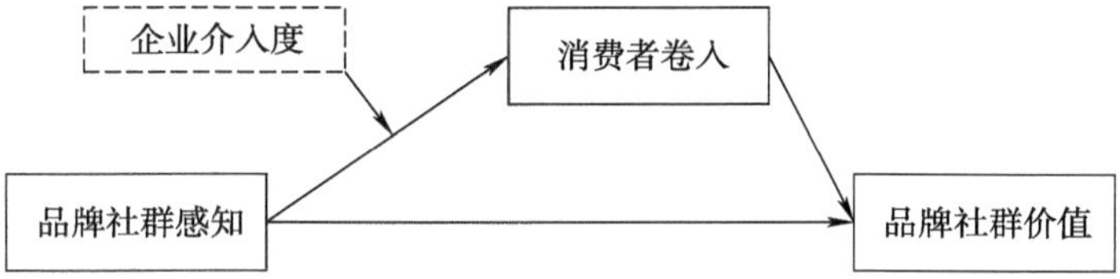


**图 3-1 品牌社群消费者感知及卷入影响品牌社群价值的概念模型**

## 3.2 品牌社群感知与品牌社群消费者卷入的关系

社群感知是由于个体认同某群体而产生的有关属于某群体的感知（如，我是……的成员）。在品牌社群中，认同某品牌或者品牌社群的消费者分别地将他们自己或者其他消费者进行分类，分解出所属品牌社群和非所属品牌社群，产生针对特定品牌社群的社群感知和社群认同。消费者认同特定的品牌社群后会以主动的态度收集和传播自己认同的品牌社群的相关信息，并以积极的行为参与品牌社群的相关活动。在社群心理学原理中，社群感知的概念已经成为分析人际关系的重要基石。Obst 等基于社会认同理论运用于社会认同扩展了社群感知这一概念，认为除了社会认同，社群感知还包括其他情感因素，例如协作感的建立、友谊、信任、支持和满意等。在这种情境下，品牌因此被认为是消费者和上述类似情感因素的连接。而社群是通过消费者对不同特定品牌的情感被区别开来。根据 Sarason 的研究，社群感知被理解为“一种成员之间相似性的认知，它是一种成员间公认的互相依赖，是一种通过完成彼此希望对方做的事情来保持这种相互依赖的意愿，是一种认为自己是社群内不可或缺部分的感觉”。根据社群感知的理论，以及中外学者以往的研究成果，本研究认为建立成功的品牌社群依赖于社群成员参与。如果品牌企业试图建立品牌社群以获得营销优势，那么确保消费者对社群的积极参与就是获得成功的前提和基础。

品牌社群的形成方式主要有两种。其一，对某一品牌感兴趣的消费者自发组织而成。其二，由企业推动形成的品牌社群。企业意识到品牌社群对产品销售、产品改进等方面的益处，积极组织对自己品牌感兴趣的人群，使他们保持品牌热情，同时积极引导他们将这种热情向其他非品牌社群成员转移。消费者在产品和服务中的融入可以推动品牌的发展，因为消费者参与有关产品发展和服务的讨论或活动，可以提高企业应对产品和服务问题的能力，并且提高其忠诚度。

品牌社群成员在品牌社群中的表现是一个连续的过程，从对品牌社群有所了解到加入品牌社群再到最后的融入品牌社群是品牌社群链条的完整环节。不同的成员在品牌社群中会有不同的表现，不同的表现对品牌忠诚影响程度不同，品牌社群消费者卷入就是对成员不同表现进行刻画的一个变量。对于那些刚加入品牌社群的成员，可以称其为品牌社群消费者卷入低的成员，而对于其中的活跃分子，可以称为品牌社群消费者卷入高的成员。

品牌社群卷入有五种类型，即行为卷入、情感卷入、意向卷入、倾向性卷入、负向卷入。这些不同类型的品牌社群的卷入程度各异，对其社群品牌忠诚的影响也各不相同。在品牌社群中，那些相互联系、相互影响、首要选择、重复购买、积极关注、主动向其他顾客积极推荐进而影响到其他成员的购买行为等，都称为行为卷入。品牌社群可能还没有在行为上卷入，但是通过某种“介质”可以接触到更多“志同道合”的顾客，大家可能具有共同的爱好，还可能是同一民间组织成员，具有互相交流的基础，大家对该品牌文化理念广泛认可，可以形成群体性的品牌认同，社群成员对企业及其产品或服务产生积极的情感，并容易形成共鸣。卷入是一种从心理视角来看待某一个体与企业之间的关系维持，它没有显出具体的个体行为。意向卷入包括顾客对服务质量的满意度、品牌承诺、人际信任和心理认同等因素，使顾客对企业产品或服务持有偏爱的态度、许诺要购买，也包括向他人推荐企业的产品或服务的意愿。品牌社群成员的初始动机往往是功能性的，即通过成为品牌社群的一员获取相应的物质价值。大部分成员进入社群的最初目的是功能性的——光顾、体验、消费。顾客光顾时，现场的环境、氛围等物质价值可以很好地满足顾客的功能性需求，而这种需求的满足可以影响顾客的倾向性偏好，从而容易促成其行为卷入。消费者通过放弃、避免甚至是表现出对某一品牌的排斥来表现出的“放弃选择”的行为或态度称为负向卷入。事实上，随着品牌内涵的愈加丰富以及人们个性的多样化，消费者会在不同的情景下表现出不同的意向和行为模式，这也成为品牌社群研究中不可回避的问题。

## 3.3 品牌社群感知与品牌社群价值的关系

社群感知是影响消费者参与品牌社群活动的主要因素。Carlson（2008年）对品牌社群感知、品牌社群心理意识和品牌忠诚三者之间的关系进行了研究，认为品牌社群感知包含认知、情感和评价三个维度，且品牌社群心理意识对社群成员与品牌社群的关系尤为重要。品牌社群心理意识的强化，有利于品牌社群认同感的增加。当消费者对于品牌社群有了较强的认同感时，品牌社群成员就有了基于品牌社群、产品和品牌的共同的价值观。社群成员所共有的价值观是品牌社群的构建基础，也是区别于其他品牌社群的主要标志，其典型特征是以产品和品牌为基础，展现品牌利益，且与品牌的价值认同相匹配。品牌社群感知的另一构建基础是——品牌社群文化，品牌社群文化是品牌文化的衍生，即品牌文化和社群文化的有机结合。品牌文化是对品牌所赋予的文化特征，使得消费者在精神上对品牌有着高度的认可。社群文化具有典型的社会特征，尤其是以集体利益为重。故品牌社群文化是以品牌文化为基础，所形成的特有的文化现象。当品牌社群成员对品牌社群有了相同的价值观，且认同品牌社群文化后，就会对品牌社群有了认同感。

消费者对品牌社群的认同，使得社群成员与其他社群成员对品牌有了趋于一致的认知和看法，并且对品牌做出自己的理解。当社群成员对品牌和产品形成了正面的印象且产品能够满足消费者的消费体验时，社群成员倾向于对其他消费者推广该产品和消费体验。社群成员的品牌的口碑传播根据对象的不同可分为对社群成员和对非社群成员参与的消费者。影响社群成员间进行口碑传播的因素主要是成员的个人因素、互动因素和信息因素（夏梅娟，2010）。社群成员与品牌的关系强度因人而异，核心社群成员更倾向于对品牌信息的口碑传播。而对品牌社群有了高度的认同是成为核心成员的主要因素之一。

品牌社群是企业建立品牌关系的主要营销渠道。品牌社群感知对消费者对品牌形象的感知有一定的影响。这主要体现在品牌社群的建设中是否融入了品牌的因素，例如品牌社群的标示设计中是否以品牌为基础。当社群成员有了一致的认同时，对品牌形象能够有较深刻的理解。在社群成员的互动过程中，消费者满意能够对品牌形象有大幅度的提升。周志民（2010）对品牌社群认同和品牌忠诚之间的关系进行了研究，认为品牌认同和品牌忠诚两个构念间存有因果关系。且从品牌认同到品牌忠诚之间存有类别化和关系化两条路径，其中品牌承诺对两者间的因果关系有中介作用。品牌承诺的形成又得益于品牌社群的利益相关者之间频繁的互动和信息交流。所以社群成员能够直接获得关于品牌的信息和消费者的消费体验，这直接导致了品牌忠诚的产生。同时品牌社群感知使得消费者的转移成本增加，这也会导致品牌社群价值的产生。

# 3.4 品牌社群消费者卷入与品牌社群价值的关系

品牌社群的形成，促使传统的消费者与企业的链式关系逐渐向网式关系转化，消费者之间彼此影响，产生外部效应。品牌社群就是通过网络，品牌爱好者之间互动形成的一种社会关系。社群成员在互动中获取价值的同时，也为其他成员创造了价值，使得成员感知的价值发生相应的变化。

在品牌社群的互动关系中，消费者所获得的价值也发生了变化，消费者寻求到的不仅仅是产品、服务的使用价值或品牌的象征性价值，更多是与其他人、社群或社会的联系价值（李建洲，2004）。范晓屏（2009）认为虚拟社群的网络互动构成了一种虚拟化的社会关系，将网络互动效用归结为工具效用、社会效用和心理效用三种效用。Narver 和 Slater（1990）的研究也指出，消费者价值感的来源分别为产品特性与人际互动过程，人际互动的影响力又要比产品特性来得强。Hagel 和 Armstrong（1997）认为虚拟社群是企业与消费者间的沟通桥梁，为社群成员创造相关价值。成员在品牌社群中的互动形成了在现实社会中不具有的交往空间与人际关系，同时也形成了品牌社群的价值。

# 3.5 品牌社群感知与品牌社群消费者卷入关系中企业介入的调节作用

## 3.5.1 品牌社群建立的驱动因素与一般路径分析

（1）品牌社群建立的驱动因素

①环境驱动因素

品牌文化、产品类型和质量、信息技术的发展等外部客观因素，对品牌社群的建立有着一定的影响。品牌社群是基于以品牌为纽带而形成的品牌利益相关者间关系，建立起来的消费社群。在品牌社群建立过程中，社群文化必然会受到品牌文化的直接影响；产品类型、信息技术的发展也决定了品牌社群的建立形式和发展速度。

第一，品牌文化。品牌文化是品牌的核心，是沟通社会文化和企业文化的桥梁，使得企业和消费者具有共同的价值观和信念（林青，2007）。品牌文化具有以下四个维度：企业文化、产品和服务、品牌声誉和品牌归属（丁瑛、张红霞，2010），其中企业文化为基石，产品和服务为载体，通过理念、个性、声誉等品牌精神的塑造，最终升华为品牌归属感。品牌社群的建立中，品牌文化也是通过以上四个维度对品牌社群文化的形成产生影响，进而使品牌社群以及其成员产生基于品牌的共同的价值观。消费者所形成的一致的基本信念和奉行的目标是品牌文化的核心价值观，品牌的核心价值观是品牌文化的最重要的因素，其蕴含了企业对产品和服务的各方面的要求、对消费者的态度等。由品牌核心价值观主导的员工价值观，使得员工在生产和营销等活动中会维护品牌的稳定性，进而消费者会对品牌建立信任机制，消费者会形成其对品牌的认知，进而形成消费者一致的品牌价值观。正是由于消费者具有对某一特定品牌趋于一致的价值观，消费者具有相同的消费偏好和话题，并有了保持消费者与消费者关系、消费者与厂商关系的动力，进而趋近了品牌社群的形成。

第二，信息技术。信息技术的发展，尤其是互联网的飞速发展，使得消费者之间的互动不再受时间、地域等因素的限制。伴随着社交网络的出现，新型的品牌社群——虚拟品牌社群应运而生。虚拟品牌社群的主要特征是以互联网（主要以社交网络）为传播载体，形成的基于某一特定品牌的社会关系网络。虚拟品牌社群的成员以论坛或交流平台为其互动交流的场所，这使得这种社会关系网络不受时间和地域的限制。在虚拟品牌社群互动中，消费者能够迅速地对互动做出反馈，并在互动中得到信息价值和物质价值，形成对虚拟品牌社群的信任，进而形成品牌忠诚甚至品牌依赖。

②消费者驱动因素

消费者建立和参与品牌社群的关键在于，通过品牌社群所提供的价值来满足消费者物质层面和心理层面等不同层面的需求（任枫，2014）。学者们对消费者建立和参与品牌社群的价值诉求在不同角度进行了划分，Wang（2004）将消费者在品牌社群情景下的需求分为了功能需求、心理需求、社会需求和享乐需求四个维度；周志民（2005）以价值方向和价值性质为出发点，实证分析得出品牌社群的建立和消费者参与品牌社群主要取决于品牌社群能够满足消费者在财务、形象、服务和社交四个维度的价值诉求；王永贵，马双（2013）利用实用和享乐理论将消费者对品牌社群的需求分为了对信息和知识的诉求的实用需求和以心理诉求为目的的享乐需求；Dholakia 等（2004）在对虚拟品牌社群的研究中，认为消费者参与品牌社群主要是基于信息获取、自我展示、社交往来、社会强化和愉悦价值等五个动机。基于以上分析，本书将品牌社群下的消费者价值诉求分为信息价值诉求、心理价值诉求和物质价值诉求三个维度。

第一，信息价值诉求。品牌社群是消费者获取信息的主要信息源（王新新、薛海波，2008），品牌社群中积累着不同消费者的消费体验信息以及关于产品的知识。消费者认为品牌社群及其成员所提供的信息，具有较高的可信度且更符合其要求的经验性信息。消费者在购买行为发生前，参与品牌社群的主要动机在于，通过品牌社群互动获得关于产品或服务的一些基本信息和其他消费者的消费体验；当购买行为发生之后，品牌社群还可为消费者提供建议、分享体验、解决其所遇到的困难提供必要信息；在消费过程中，消费者通过品牌社群来交流其消费体验来影响其他消费者的购买决策（Ridings 和

Gefen，2004）。消费者对品牌社群的信息资源的需求是形成品牌社群的主要原因，若在品牌社群中获得信息的成本比其他信息途径的成本低，理性消费者则会加入品牌社群中，并会维持这种社群关系。

第二，心理价值诉求。消费者的心理价值诉求包括其自我意识的实现、社交需求以及娱乐需求。当消费者掌握了足够多关于产品的信息和消费体验时，消费者会通过品牌社群中的互动等形式满足新进消费者的社会需求（例如提供技术支持、购买建议等）。在满足新进消费者的社会需求的同时，消费者可以展示其对产品和品牌的知晓程度，进而获得新进社群成员的尊重，所以消费者也满足了展现自我以及创造自我的需求，最终到达自我意识实现的价值诉求。社交需求是在信息价值诉求基础之上形成的。在消费体验过程中，消费者有寻找情感支持、发展与有相同价值观的消费者的友谊以及社会认同的需求（Chen 等，2013）。而品牌社群尤其是虚拟品牌社群为消费者提供了解决这一需求的途径，在虚拟品牌社群中消费者可以通过对品牌认同或对其他消费者观点的认同，加深消费者之间的认同，进而发展与其他社群成员之间的友谊。娱乐需求是指消费者有通过品牌社群来开展休闲娱乐活动，进而获得愉悦和享乐的需求。消费者对品牌社群的娱乐需求有以下特征：以特定品牌及产品为凝聚力，消费者在社群中的娱乐需求是围绕产品的使用体验和创新来进行的；以自我体验感知为中心，娱乐需求的目的是放松自我，逃避现实和获得愉悦心情；需求的满足以自我组织方式进行，通常消费者为了满足这一需求，会自发组织线上活动（例如对产品特性的讨论等）和线下的活动（例如车友会的自驾游等）。

第三，物质价值诉求。物质价值诉求是指消费者对品牌社群中打折、积分制等促销活动的需求。物质价值诉求是指消费者参与品牌社群能够获得的显性财务价值（如购物时的会员折扣、积分返利，参加品牌社群活动获得的奖金等）和隐性财务价值（如产品或服务升级，额外的售后服务等）的需求。在品牌社群建立的初期，由于品牌知名度或社群规模等限制，物质诉求是影响消费者参与品牌社群的主要因素。品牌社群满足消费者的物质价值诉求是社群建立初期吸引消费者参与品牌社群的非常手段。

③企业驱动因素

品牌社群是以消费者和品牌为核心的关系网（McAlexander，2002），其中的主要关系有消费者-企业关系、消费者-品牌关系、消费者-消费者关系以及消费者-其他利益相关者关系（王彦勇，2014）。企业建立或参与品牌社群的主要动机在于培育消费者—企业关系和消费者-品牌关系，获取消费者-品牌关系、消费者-消费者关系和消费者-其他利益相关者关系所带来的信息、技术创新等。企业参与品牌社群的动机主要有以下几个方面。

第一，企业的营销动机。品牌社群是企业与消费者间进行直接互动的主要途径之一，同时也为消费者和企业之间建立了紧密的共生关系。在品牌社群的互动中，社群成员对品牌或产品形成了共同的信念，并以此来分享对品牌的看法和消费体验。企业能够通过品牌文化来影响社群文化，进而又间接影响了个体消费者对品牌的认知和价值观。通过品牌社群的互动，企业可以培育消费者的品牌忠诚度（刘新、杨伟文，2013）。在品牌互动中，企业可以为消费者提供围绕品牌及品牌文化的特殊心智交流，使得其不易被其他品牌所取代，同时当品牌社群的规模较大，且消费者与企业、品牌和社群成员在物资和心理需求的依赖性很强时，转移成本会非常之巨大，使得消费者不得不忠于该品牌社群、品牌及企业。由于品牌社群具有开放性的特征（尤其是虚拟品牌社群），消费者和潜在的消费者很容易参与到品牌社群互动，进而成为品牌社群成员，所以品牌社群也起到了扩展消费群体的作用，基于此，企业也倾向于参与品牌社群。同时，品牌社群也是企业进行精确营销的重要渠道。品牌社群成员对品牌和产品有趋于一致的认知水平和更为专业的知识水平，企业可以针对社群成员所具有的趋于一致的特征，推出更加符合社群成员偏好的产品和营销策略，进而扩大企业收益。

第二，企业的产品或服务创新动机。基于消费者的成员创新对于企业来说是一个巨大的创新源，其具有展示和创造未来消费者需求的功能（王晓川等，2014），而且这种创新成本更为低廉（Hippel 等，2009），而品牌社群为企业获取这一创新源提供了可行路径。品牌社群的消费者-企业互动具有双向传递的特征。消费者通过品牌社群获得关于产品或服务的信息，同时也将消费者的需求和偏好传递给企业。在消费者-企业互动中，企业可以根据顾客的需求和偏好及时进行产品创新，调整经营思路，改变营销策略，来满足消费者的消费体验，也能够更有效地向消费者展示企业和品牌的形象和内涵（林青，2006）。相比而言，品牌社群成员对产品和品牌有更为专业性的认知，也更加关注企业的发展和产品创新，其在品牌社群中对于品牌和厂商的讨论和对产品缺陷的评价都极具价值，并且企业出于减少关于发展改革和产品创新信息的收集成本，也会培育以消费者和品牌为核心的品牌社群。

第三，企业的信息动机。品牌社群是企业的重要信息源（薛海波等，2008），企业不仅能够获得消费者对于产品和服务的评价，还能获得消费者对替代品牌的评价以及竞争对手的相关信息。由于信息在品牌社群中的传递是非线性和爆发式的路径，信息的传递速度远远快于传统的信息传递方式，使得企业能够第一时间了解到品牌和产品的缺陷以及竞争者的优势所在，这样企业就能够针对竞争者的优势迅速做出营销策略改变，甚至是营销战略和企业总体战略的调整。企业也可以通过品牌社群来建立关于消费群体的数据库（如品牌社群的注册制度），其中可以包含消费者的基本信息、消费偏好和购买行为等。这有助于企业更精准地了解消费者的行为特征和消费需求，进而提供更为个性化的产品或服务，以吸引和维持顾客的忠诚度。

（2）品牌社群建立的一般路径

①消费者构建品牌社群路径

对于不同品牌类型的形成和影响因素，国内外学者都有所涉及。Lee 等

(2005) 对消费者主导和企业主导两种不同类型的品牌社群对消费者融入度的影响进行了实证研究，得出两种不同类型的品牌社群对消费者的融入度有显著的调节效用。但是，对于两种不同类型的品牌社群的演变路径及其形成机理的研究较为鲜见。本书尝试在消费者的价值诉求和企业的参与品牌社群视角下，分析两种不同品牌社群的形成机理。当消费者对某一品牌或产品有了价值诉求时，就会通过一定的途径来满足，此时初期品牌社群形成。伴随着品牌社群的成长，企业也越来越重视品牌社群对其营销、产品创新等的重要性，企业有了参与到品牌社群的动机。当企业融入消费者主导的品牌社群，由于企业的参与程度的不同，又演变出了企业主导和消费者主导的两种不同类型的品牌社群。

在消费者价值诉求视角下，根据消费者不同的价值诉求（信息价值诉求、物质价值诉求和心理价值诉求），初期品牌社群的形成主要包括了价值聚合阶段、价值体验阶段和价值释放阶段。不同形成阶段的品牌社群满足了消费者不同类型的价值诉求，随着消费者价值诉求的不断提高，品牌社群也就逐渐形成。其具体的成长过程如图 3-2 所示。

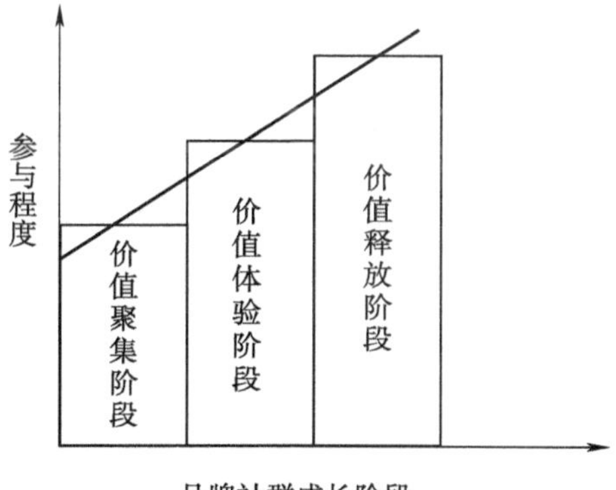


**图 3-2　品牌社群的初期成长过程**

第一，价值聚集阶段。品牌社群的价值聚集阶段是指在消费者不断地加入到品牌社群的过程中，品牌社群用来满足消费者的不同诉求的价值呈现出不断积累的阶段。消费者为了满足其对信息价值、物质价值和心理价值的诉求，就会以某一品牌或产品的领军消费者（lead user）为核心，自发建立品牌社群（Yoshida，2014）。此阶段的品牌社群处于价值聚集状态，能够满足消费者的不同层次的价值诉求，但社群成员规模较小。社群成员的主要价值诉求在于对不同层次价值的诉求，且消费者的价值诉求主要由领军消费者主导来满足。从消费者的视角下，消费者有了参与品牌社群的意向在于从品牌社群中获取信息，此时消费者会加入品牌社群中来满足其价值诉求；从品牌社群的视角下，由于领军消费者的参与，消费者在价值诉求的驱动下加入到品牌社群，使得品牌社群价值聚集。

第二，价值体验阶段。消费者加入以领军消费者（lead user）为核心的品牌社群中，满足了其对信息价值的诉求后，会参与品牌社群的各种活动与互动中，就会与其他社群成员进行品牌或产品的信息和知识的共享、与具有相同价值偏好的成员进行更为深层次的情感交流、为新成员的购买决策提供必要的信息，消费者的物质价值诉求和部分心理价值诉求得到满足，这一阶段为品牌社群的价值体验阶段。消费者间彼此的交流和互动成了满足消费者价值体验的必要手段。在消费者间的互动中，消费者会以品牌及产品为讨论核心，探讨消费体验，帮助其他消费者解决体验中所遇到的困惑，从而有助于自我意识的实现，故消费者的物质价值诉求和心理价值诉求得到满足。在品牌社群的互动中，社群成员获得了精神和物资上的满足后，会持续参与品牌社群的活动，最终形成了对品牌和品牌社群的忠诚度。

第三，价值释放阶段。在价值释放阶段，消费者主要是贡献式参与，利用品牌社群互动中获得的知识和技巧，来满足新社群成员的需求。在品牌社群的价值释放阶段，消费者之间进行互动，使得他们建立了基于品牌或产品的共同意识、规则和责任感（薛海波，2012）。在对品牌的共同意识、规则和责任感驱使下，品牌社群成员以追求成就和实现自我为目标，以管理者的身份自发地来贡献知识和信息，来发起、组织和管理品牌社群的日常工作和活动，进而维持品牌社群的正常运营。价值释放阶段的品牌社群中，社群成员会注重品牌社群的凝聚力（周志民，2013），着重培养品牌社群的人际吸引力和归属感（周志民，2013），使得品牌社群不断地发展壮大。品牌社群成员会努力提高社群的系统质量、管理质量进而完善社群的规则；提升对品牌的认可度进而增强消费者对社群的归属感。在该阶段下，更多的消费者融入社群中，品牌社群的规模也越来越大，会有更多的领军消费者涌现，进而初期的消费者主导的品牌社群也就趋于成熟。

②企业构建品牌社群路径

伴随着信息技术的发展，社交网络的兴起，消费者获得关于产品属性的信息渠道更加广泛，而且信息获取的成本也在降低。消费者在厂商和第三方评估机构获取产品信息外，更倾向于在社交网络中通过与其他品牌相关者进行互动来获取更为符合其使用情境的个性信息。同时消费者和企业分别建立的品牌社群，起初就是为了满足消费者的不同层次、不同情境的诉求。对于企业建立的品牌社群的前因及影响因素，可用理性行为理论（TRA）来更好地解释。作为通用模型，Ajzen 等（1975）指出行为受到某一特定因素的间接影响，且主要是通过态度和主观准则的中介效应，理性行为理论（TRA）是在人是理性的这一假设基础之上建立。

理性行为理论（TRA）指出企业实际行为的发生是由其行为意向所决定，而个人的行为意向又受到个人的行为态度和主观规范的共同影响。当个人行为发生后所得到的期望进行评价，就会产生正面情感态度和负面情感态度，情感态度直接影响了行为意图，进而导致个体行为的发生与否。TRA 模型提出，在所有人都是理性人的假设基础之上，个体行为的发生都是综合考虑了社会规范后，以自身价值为目标所作出的决策和行为。理性行为模型（TRA）框架图如图 3-3 所示。

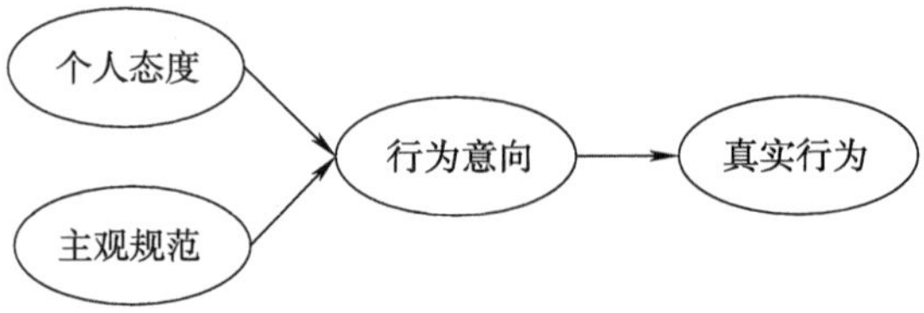


**图 3-3 理性行为模型**

资料来源：根据 TRA 所绘制

第一，企业对建立品牌社群的态度和主观规范。企业建立品牌社区的态度是指企业对建立或参与品牌社群所持有的一种积极或者消极的主观看法。其直接影响了企业是否建立或参与品牌社群的行为意图。企业建立品牌社区态度的形成受到企业需求动机以及需求实现可能性的影响（Ajzen 和 Fishbein, 1980）。消费者对品牌社群的态度受到其价值诉求及其诉求得以实现的期望的影响。积极的企业态度能够促进产生建立或参与品牌社群的行为意向，进而促进企业实际行为的发生（即建立品牌社群）；反之消极的企业态度会打消建立或参与品牌社群的意向。企业建立品牌社群的主观规范是指企业对其他人期待自己完成行动的感知度。企业的主观规范主要受两方面的影响：一是消费者所感知到的他人的信任度；二是消费者与他人意见一致的动机水平（康华等, 2012）。在企业的信息和营销需求动机视角下，企业对于建立和参与品牌社群的态度取决于品牌社群以及社群成员所提供信息的创新性、可获利性以及有效性。在对旅游服务虚拟品牌社群的研究中，Zheng 等（2012）指出信息质量直接影响了企业对品牌社群的态度，对于能够提供高质量信息的品牌社群，企业表现出较高的参与积极性，反之则较为消极。企业的产品创新动机是企业产生积极态度的直接影响因素，Casaló 等（2010）通过实证分析得出企业创新需求的满足，会增强企业的融入度，进而对品牌社群产生积极的态度。企业在拥有了足够多消费者诉求和消费者偏好后，就会主动寻找影响其他消费者的购买决策和消费体验，而品牌社群的信息传递特性为其提供了途径，这样消费者会对品牌社群产生较好的使用体验，进而转变成积极参与的个人态度。消费者娱乐需求的期望，具体体现在以下两个方面：品牌社群所组织的各种线上和线下活动都是基于品牌和产品的娱乐活动（例如参观制造工厂等），消费者可以亲身经历并体验到活动的快乐；品牌社群为社群成员提供一些具有娱乐性的话题供消费者探讨，在探讨过程中，消费者互动也会带来愉悦感。在品牌社群互动中，消费者能够找到具有相同价值观和消费偏好的消费者，进而能够进行关于产品信息和消费体验的更深层次的讨论，甚至能够产生关于产品重大创新的技术改进，这会增强社群成员之间的友谊，进而满足消费者的社交需求。故当消费者有信息价值诉求和心理价值诉求，且期望这两个维度的价值诉求能够通过品牌社群得以满足时，就会对建立或参与品牌社群具有积极的个人态度。

第二，消费者参与品牌社群的行为意识和实际行为。行为意识受到个人态度和主观规范的共同影响，当个人态度和主观规范具有较强的一致性时，个人的行为意识则更为强烈。TRA 理论指出行为意识和实际行为直接表现出很强的相关性。企业建立品牌社区社群的行为意识（以下简称消费者行为意识）是指企业对于建立或参与品牌社群互动与交流的主观倾向程度。在品牌社群建立中，企业的行为意识主要受消费者对品牌、品牌社群及其互动的认知和企业的积极态度所影响。当企业对品牌社群表现出积极的态度时，企业会主动寻找关于品牌的一切信息，并通过自我完善，维护企业的营销关系，此时众多企业就会有了建立消费者俱乐部（早期的品牌社群，如万客会、化妆品牌俱乐部、会员制等）的动机。当消费者在俱乐部中进行交流互动时，企业能够获得专业性的品牌创新和产品改良信息，此时企业表现出对品牌社群积极的参与态度，进一步有了参与品牌俱乐部的行为意识。当企业对品牌、品牌社群及其互动具有较强的主观倾向程度，则消费者进而会付出实际行动——建立或参与品牌社群。参与品牌社群的行为意识受到企业积极态度的直接影响，并且以虚拟品牌社群成员对品牌社群的感知度为中介变量（Peter 等，2010）。Koh 和 Kim（2003）认为企业对虚拟品牌社群的倾向程度直接影响了其与社群其他成员的互动和再次访问品牌社群的频率。许多关于消费者购买行为的研究（Han 等，2009；Huang 等，2009；Um 等，2006）通过实证分析，得出企业对品牌的社交活动或零售商所主持的活动等持有主观且强烈的倾向性时，企业会有重复参与活动的行为。对虚拟品牌社群的积极态度，会使企业产生品牌社群的行为意识，进而企业会产生对品牌社群的融入和对品牌及品牌社群的信任（Jung 等，2014）。

### 3.5.2 企业介入调节作用的发生——品牌社群建立者与主导者非等同性分析

消费者建立的品牌社群趋于完善后，由于其具有开放性的特征，则会表现出强大的凝聚力，吸引越来越多的消费者融入到品牌社群中，利用品牌社群来满足其对品牌或产品的价值诉求。在品牌社群互动中，消费者对产品的创新和购买建议，足以影响企业营销策略和消费者的购买决策时，企业就有了加入品牌社群的动机。企业参与程度的高低促使初期的品牌社群演化成消费者主导和企业主导的品牌社群。两种品牌社群类型的演变路径如图 3-4 所示。

消费者主导品牌社群的形成路径。初期的品牌社群形成之后，企业由于营销、创新和信息等的驱动因素，会参与到品牌社群中。考虑到企业的战略规划和外部环境的影响，企业对品牌社群的参与会呈现出不同的参与程度。当企业参与品牌社群的动机较小，或企业战略规划中未将品牌社群作为主要的营销策略时，企业对品牌社群的参与度较小甚至不参与，此时的品牌社群为消费者主

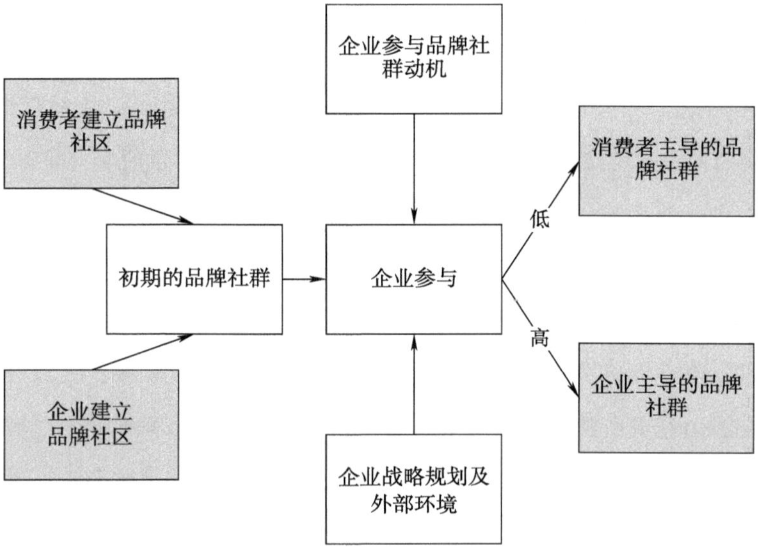


**图 3-4　两种品牌社群类型的演变路径**

导的品牌社群。消费者主导的品牌社群中，企业对其参与度较小，社群成员的价值诉求主要由其他社群成员所提供的信息和知识等来得以满足。在消费者主导的品牌社群中，企业可以视为普通的品牌社群成员，其参与品牌社群主要是为了满足其对信息价值的需求。企业以品牌社群为途径，来获取消费者的消费偏好和消费倾向等信息。消费者主导的品牌社群由消费者自发组织和管理，消费者在品牌社群中占据主要地位，主要目的是最大程度地满足消费者的价值诉求，并以消费者的利益为核心。当企业做出不利于消费者的产品或营销策略时，品牌社群会为保护社群成员的利益，迅速做出反应策略，而对企业的利益顾及较少。小米贴吧由消费者自主建立形成并管理，小米科技有限公司（简称小米科技）对其参与程度较低，小米贴吧是典型的消费者主导的品牌社群。当小米手机有质量问题时，社群成员会在小米贴吧中发布关于小米科技的负面信息，此时消费者主导的小米贴吧会支持这种负面信息的发布，进而来维护消费者的利益。

企业主导的品牌社群的形成路径分析。出于对企业营销战略和外部环境的变化（例如信息技术的迅速发展等）的考虑，企业以品牌社群为营销手段，通过品牌社群获取创新的动力和信息等，此时企业有强烈的参与品牌社群动机，进而企业的参与程度较高，消费者的价值诉求主要由企业来得以满足，此时，品牌社群为企业主导的品牌社群。企业主导的品牌社群中，企业和社群成员都可以利用自有的关于产品的信息和知识来满足消费者的不同价值诉求，但由于品牌社群中大部分的资源尤其是信息资源都是由企业掌握，故消费者的价值诉求主要由企业所提供的资源来满足。在企业主导的品牌社群中，消费者的价值诉求主要表现为物质价值诉求，企业能够给消费者提供较多的物质价值让渡，如优惠券的发放和针对社群成员的优惠活动等。在企业主导的品牌社群中，品牌社群并不以消费者利益最大化为主要目的，而是以满足企业的营销、创新和信息需求为主要目的，同时兼顾满足消费者不同层次的价值诉求。例如小米手机社区是由小米科技管理并运营的品牌社群，故其是典型的企业主导的品牌社群。小米手机社区会发起许多改进小米手机的讨论，并对得到众人支持的社群成员认证为资深发烧友，并提供优惠购机或免费试用政策。小米科技在满足了创新需求的同时，也满足了消费者的心理价值诉求和物质价值诉求，促进了以企业主导的小米手机社区的良性循环发展。

品牌社群趋于完善后，由于其具有开放性的特征，则会表现出强大的凝聚力，吸引越来越多的消费者融入品牌社群中，利用品牌社群来满足其对品牌或产品的价值诉求。在品牌社群互动中，消费者对产品的创新和购买建议，足以影响企业营销策略和消费者的购买决策时，企业就有了加入品牌社群的动机。企业参与程度的高低促使初期的品牌社群演化成消费者主导和企业主导的品牌社群。

消费者主导的品牌社群中，企业对其参与度较小，社群成员的价值诉求主要由其他社群成员所提供的信息和知识等来得以满足。在消费者主导的品牌社群中，企业可以视为普通的品牌社群成员，其参与品牌社群主要是为了满足其对信息价值的需求。企业以品牌社群为途径，来获取消费者的消费偏好和消费倾向等信息。消费者主导的品牌社群是由消费者自发组织和管理，消费者在品牌社群中占据主要地位，主要目的是最大程度地满足消费者的价值诉求，并以消费者的利益为核心。当企业做出不利于消费者的产品或营销策略时，品牌社群会为保护社群成员的利益，迅速做出反应策略，而对企业的利益顾及较少。

企业主导的品牌社群中，企业和社群成员都可以利用自有的关于产品的信息和知识来满足消费者的不同价值诉求，但由于品牌社群中大部分的资源尤其是信息资源都由企业掌握，故消费者的价值诉求主要由企业所提供的资源来得以满足。在企业主导的品牌社群中，消费者的价值诉求主要表现为物质价值诉求，企业能够给消费者提供较多的物质价值让渡，如优惠券的发放和针对社群成员的优惠活动等。在企业主导的品牌社群中，品牌社群并不以消费者利益最大化为主要目的，而是以满足企业的营销、创新和信息需求为主要目的，同时兼顾满足消费者不同层次的价值诉求。

## 3.6 本章小结

本章首先对本研究的概念模型的基本结构“品牌社群感知—消费者卷入—品牌社群价值”进行了分析，然后对品牌社群感知与消费者卷入的关系、品牌社群感知与品牌社群价值的关系、品牌社群消费者卷入与品牌社群价值的关系进行了系统的阐述。对于品牌社群感知与品牌社群消费者卷入关系中，企业介入的中介作业（也是本研究的创新点）做了细致的分析。

# 第四章

# 操作模型构建与研究假设

## 4.1 操作模型构建

### 4.1.1 品牌社群消费者感知维度的选取

在第二章关于品牌社群的文献中，可知学者们对消费者的品牌社群感知进行了大量的研究，且研究视角各不相同，对于品牌社群的感知尚无公认的维度划分。但无论研究角度如何，研究主体始终是固定于消费者。

消费者对品牌社群感知的驱动因素是品牌社群的参与动机和品牌社群对其价值诉求的满足与否。其中消费者的参与动机可以分为消费者价值动机和品牌社群关系动机，消费者价值动机包括精神层次的动机（如社交、娱乐和自我实现）和物资层次的动机（如获得优惠）；社群关系动机是更深层次，且以品牌社群关系网为研究的动机需求，其表现了人们在品牌社群中的关系强度，品牌社群关系动机包括了信任动机和压力动机（朱丰，2013）。品牌社群对消费者价值诉求的满足，能够改善和加深消费者对品牌社群以及品牌的认可和满意度。只有当消费者有价值诉求，且品牌社群能够通过社群成员之间的互动来满足这种需求时，消费者对品牌社群才会有认可和较好的评价。故消费者对品牌社群认同包含消费者对品牌社群认可和消费者对品牌社区满意度两个维度。

品牌社群的影响度也是消费者对品牌社群感知的主要维度之一。消费者对品牌社群的影响度的认知可以分为两个方面：其一是品牌社群在对消费者做出消费者决策时的影响，即品牌社群对消费者个体的影响；其二是消费者所归属的品牌社群对其他品牌社群和消费市场的影响力，即品牌社群间的影响。品牌社群对消费者的消费决策的影响主要通过关于产品的信息以及物质价值的提供，此时品牌社群改变或巩固了消费者的消费决策，消费者会认为品牌社群具有较强的影响力，并会对品牌社群产生正向的感知。品牌社群对其他品牌社群和产品的影响，也会对消费者对该品牌社群的感知产生正反向效应。当该品牌社群比其他产品的品牌社群提供较多且可靠的信息，以供消费者进行产品间的比较，此时消费者对该品牌社群的感知较强。

综上所述，本书中对消费者对品牌社群的感知分为消费者对品牌社群的认同（简称社群认同），消费者对品牌社群的满意度（简称社群满意度）和品牌社群的影响度（简称社群影响度）三个维度。

### 4.1.2 消费者卷入维度的选取

消费者对于品牌社群的融入是消费者在品牌社群互动中，对品牌社群以及其他社群成员的情感寄托（任枫，2014）。而消费者对于品牌社群的卷入是更深层次的融入，其不仅是情感依附，更是将这种影响程度涉及了生活的各个方面。学者们对消费者卷入的形成过程进行了分析，认为消费者卷入是从起初的社群体验到社群互动，最后到自我实现的过程，但这种个过程始终由品牌社群的价值和消费者的各个时期各种不同的价值诉求所主导。对于消费者融入程度的研究，学者刘勇将其分为了行为融入、情感融入、意向融入、倾向性融入和负向融入。行为融入主要表现为长时间频繁地参与品牌社群活动，重复性购买产品等行为；情感融入表现为与品牌社群所表达的产品理念产生共鸣，且与其他品牌社群成员对该产品具有相同的认知；意向融入表现了以品牌社群为路径，消费者对产品的认知和偏好态度；倾向性融入是消费者带有一定的动机而参与到品牌社群中，最终所形成的社群融入；负向融入是消费者所表现出的一种对品牌的排斥，进而融入品牌社群的行为（刘勇，2008）。

品牌社群卷入是在社群融入的基础之上，所表现出的更深层次的行为。消费者对品牌社群的融入只强调了品牌社群与品牌社群成员之间的关系，忽略了品牌企业在品牌社群中的作用。社群关系是由品牌社群、社群成员和品牌企业三者来维系的，缺一不可。故品牌社群卷入不仅包含了社群成员与品牌社群的互动和社群成员间的互动，还包含了品牌社群成员与企业品牌的互动。品牌社群成员与品牌企业的这种互动不同于传统的消费者与企业互动，它是以品牌社群为中介机制，为社群成员与企业间的活动起到了间接传递效应，同时品牌社群也可以作为平台为社群成员与企业建立直接的互动效应。社群成员与品牌企业间的这种互动，是在社群成员对品牌社群的信任基础之上所形成的，故其对品牌企业的信任和价值依赖更为强烈，企业也更容易获得成员的信任，进而利于企业利润的扩大。

综上所述，本书将品牌社群卷入划分为两个维度：品牌社群成员间互动、社群成员与企业互动。这有利于区别消费者卷入和融入的认识，有利于以后的研究。

### 4.1.3 品牌社群价值维度的选取

品牌社群价值主要可以分为三个方面：品牌社群对企业、品牌和产品的价值；品牌社群对社群成员（即消费者）的价值；品牌社群对其自身的价值。由于本研究的重点所在，品牌社群对于社群成员的价值已在以上章节中进行讨论，故不赘述，主要研究放在其他两方面。

品牌社群对企业、品牌和产品的价值主要体现在其对品牌绩效的影响，而此影响并非直接影响，而是受到了品牌价值认知的中介作用。品牌绩效在品牌社群中，主要由围绕品牌和产品所形成的各个利益相关者间的互动来实现。在社群成员、企业和品牌社群这三者之间的三种互动形式中，社群成员与企业之间的互动更能促进消费者对品牌的认知。品牌形象是由品牌再认和品牌回忆构成的，其是品牌绩效的主要因素之一。以往的研究发现，品牌社群的消费者参与将有助于加强特定品牌信息在消费者之间的传播，从而提高消费者对特定品牌的回忆程度（例如，McAlexander?；Andersen，1994）。Jang 和 Ko 以及 Casalo 等的研究发现，消费者的品牌社群参与对成员的品牌认知有直接的积极影响。此外，Algesheimer（2005）等的研究发现，一旦消费者主动地参与品牌社群，他们在社群的身份识别和对社群品牌的情感纽带将有较为明显的强化。而这些身份识别和情感纽带将促使消费者与品牌建立更为紧密的情感联系，从而消费者也将会对品牌有更强的再认和回忆水平。故品牌形象是品牌社群价值的维度之一。

对于企业来讲，品牌社群价值也可表现为消费者对品牌的较好的口碑。企业通过品牌社群搭建的互动平台，能够直接有效地将产品和品牌信息传递给消费者，减少了信息传递环节，增强了信息的可靠性，更加有利于消费者做出对企业和品牌信任的行为。且当品牌社群和产品满足了消费者的需求，并有了较好的购买和消费体验后，消费者倾向于向其他消费者推荐该品牌社群和品牌，进而为企业带来更多的利润。故口碑为品牌社群价值的维度之一。

品牌忠诚是品牌绩效的最主要的考核点，也是企业所追求的目标。品牌忠诚的驱动因素主要包括顾客满意（Oliver，1980；Rust&Zahorik，1993；Doney&Cannon，1997，等）、顾客信任（严浩仁，2005）和转换成本。品牌社群成员与品牌的其他利益相关者通过品牌社群，有着不同层次的互动，更容易满足消费者的满意度，赢得消费者的信任，同时由于在互动中所形成的友谊和社群关系，使得社群成员的转换成本较高。故，对于企业来说品牌社群的价值为保持消费者的品牌忠诚。

品牌社群对其自身的价值主要有利益相关者间的互动频率以及品牌社群所表现出的活跃气氛。品牌社群活力就是指品牌社群的利益相关者在品牌社群基础之上所表现出的强联系，以及品牌社群的成熟度的表现。具有较强活力的品牌社群中，社群成员人数是递增的，且品牌社群活动频繁，社群成员以品牌社群为主要的信息渠道。故对于品牌社群自身来说，品牌社群的价值主要是品牌社群活力。

综上所述，品牌社群价值根据其对象的不同，可以划分为口碑、品牌形象、品牌忠诚和品牌社群活力等四个维度。

### 4.1.4 操作模型

消费者对品牌社群感知及消费者卷入的品牌社群价值研究中，影响机制可以表述为：消费者对品牌社群的感知通过消费者卷入来影响品牌社群的价值，在消费者对品牌社群感知对消费者卷入的影响中，企业的介入程度起到了中介作用，消费者卷入对品牌社群的价值有着影响。同上文分析，可知消费者对品牌社群的感知包含社群认同、社群满意度和社群影响力三个维度；消费者卷入包含着消费者间互动和消费者与企业间互动两个维度；而品牌社群的价值包含了口碑、品牌形象、品牌忠诚度和品牌社群活力四个维度；企业介入度只有企业对品牌社群的介入一个维度。故根据上一章节中的概念模型，提出本书的操作模型如图 4-1 所示。

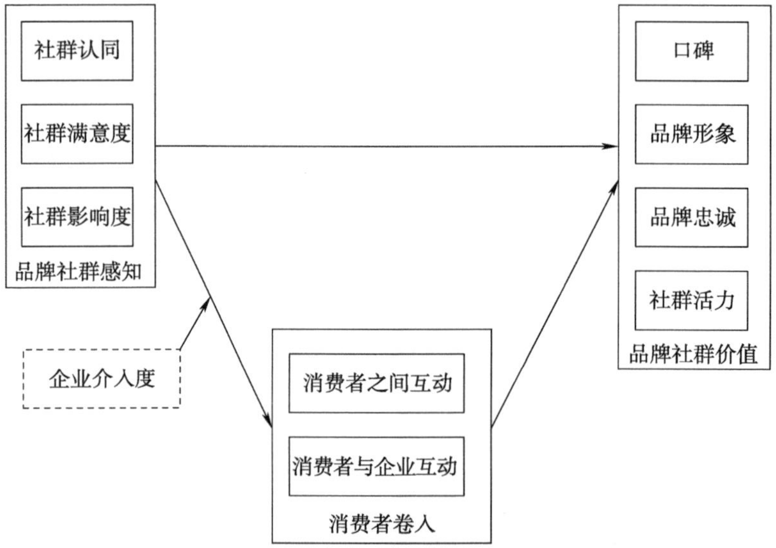


**图 4-1 消费者品牌社群感知及卷入的品牌社群价值提升研究的操作模型**

# 4.2 研究假设

## 4.2.1 品牌社群感知影响品牌社群价值的相关假设

(1) 品牌社群认同与品牌社群价值的相关假设

社群认同是影响消费者参与品牌社群互动的主要因素之一。Carlson (2008) 对品牌社群认同、品牌社群心理意识和品牌忠诚三者之间的关系进行了研究，认为品牌社群认同包含认知、情感和评价三个维度，且品牌社群心理意识对社群成员与品牌社群的关系尤为重要。品牌社群心理意识的强化，有利于品牌社群认同感的增加。当消费者对于品牌社群有了较强的认同感时，品牌社群成员就有了基于品牌社群、产品和品牌的共同的价值观。社群成员所共有的价值观是品牌社群的构建基础，也是区别于其他品牌社群的主要标志，其典型特征是以产品和品牌为基础，展现品牌利益，且与品牌的价值认同相匹配。品牌社群认同的另一构建基础是——品牌社群文化，品牌社群文化是品牌文化的衍生，即品牌文化和社群文化的有机结合。品牌文化是对品牌所赋予的文化特征，使得消费者在精神上对品牌有着高度的认可。社群文化具有典型的社会特征，尤其是以集体利益为重。故品牌社群文化是以品牌文化为基础，所形成的特有的文化现象。当品牌社群成员对品牌社群有了相同的价值观，且认同品牌社群文化后，就会对品牌社群有了认同感。

消费者对品牌社群的认同，使得社群成员与其他社群成员对品牌有了趋于一致的认知和看法，并且对品牌做出自己的理解。当社群成员对品牌和产品形成了正面的印象且产品能够满足消费者的消费体验时，社群成员倾向于对其他消费者推广该产品和消费体验。社群成员的品牌的口碑传播根据对象的不同可分为对社群成员和对非社群成员参与的消费者。影响社群成员间进行口碑传播的因素主要是人员的个人因素、互动因素和信息因素（夏梅娟，2010）。社群成员与品牌的关系强度因人而异，核心社群成员更倾向于对品牌信息的口碑传播。而对品牌社群有了高度的认同是成为核心成员的主要因素之一。

品牌社群是企业建立品牌关系的主要营销渠道。品牌形象是消费者的品牌联想所反映的关于品牌认知的汇总。品牌社群认同对消费者对品牌形象的感知有一定的影响。这主要体现在品牌社群的建设中是否融入了品牌的因素，例如品牌社群的标示设计中是否以品牌为基础。当社群成员有了一致的认同时，对品牌形象能够有较深刻的理解。在社群成员的互动过程中，消费者满意能够对品牌形象有大幅度的提升。周志民（2010）对品牌社群认同和品牌忠诚之间的关系进行了研究，认为品牌认同和品牌忠诚两个构念间存有因果关系。且从品牌认同到品牌忠诚之间存有类别化和关系化两条路径，其中品牌承诺对两者间的因果关系有中介作用。品牌承诺的形成得益于品牌社群的利益相关者之间频繁的互动和信息交流。所以社群成员能够直接获得关于品牌的信息和消费者的消费体验，这直接导致了品牌忠诚的产生。同时品牌社群认同使得消费者的转移成本增加，这也会导致品牌忠诚的产生。

社群成员对品牌社群的认同也源于品牌社群对其价值诉求的满足，品牌社群能够满足消费者不同层次的需求，如安全需求、社会需求和自我实现需求等。品牌社群的认同使得消费者对品牌有了一致的价值观，消费者间交流的障碍消失同时交流的机会增加，能够增加品牌社群的内部活力。当品牌社群不断发展壮大，其影响力也逐渐增加，使得外部的消费者进入品牌社群中，来满足其信息、心理和物资三个维度的价值诉求。与其他品牌社群相比，该品牌社群活力也明显活跃。

综合以上分析，可得出假设消费者的品牌社群认同对品牌社群价值有着显著的正向影响，而品牌社群价值又分为口碑、品牌形象、品牌忠诚和社群活力四个维度，故本书提出如表 4-1 所示假设：

表 4-1 品牌社群认同影响品牌社群价值的相关假设

| 假设编号 | 假设内容 |
| --- | --- |
| H1a | 社群认同对口碑有显著的正向影响。 |
| H1b | 社群认同对品牌形象有显著的正向影响。 |
| H1c | 社群认同对品牌忠诚有显著的正向影响。 |
| H1d | 社群认同对社群活力有显著的正向影响。 |

（2）社群满意度与品牌社群价值的相关假设

社群满意度是社群成员对品牌社群能否满足其在信息、心理和物资三个维度的价值诉求的判断，是社群成员根据已有经验所得出的总体评价。从社群感知角度来看，社群成员为了实现其在信息、心理和物资三个维度的价值诉求而参与到品牌社群的互动中，而社群成员能真正地积极地参与到品牌社群互动中的前提条件是有效评价了社群成员间的关系以及社群活动所带来的效用。Lin等（2006）的研究显示，社群成员的满意度与成员参与有积极的互动关系。

社群满意度的影响因素有社群成员间关系、品牌社群质量以及品牌关系。其中社群成员关系以及品牌社群质量是影响满意度的直接因素。品牌社群质量是消费者能够直接感知到的品牌社群形象。当品牌社群质量高时，社群成员会认为社群能够给其带来效用，进而产生满意感。社群成员间的强关系有利于消费者的信息和心理方面的价值诉求实现，强关系的互动能够给社群成员带来更多关于品牌的信息和来自消费者的亲身体验，同时也有机会传授给别人消费体验和品牌认知，进而满足其心理价值诉求，此时对品牌社群有较高的满意度。消费者对品牌社群的参与能够带来社群感，而社群感正是社群满意度的来源，也就是说品牌社群感是消费者参与品牌社群和社群满意度的中介变量（陶安，2014）。品牌社群感主要体现在社群成员的身份和参与动机上，在社群身份上，由于品牌社群是由企业或消费者发起成立，社群成员都有着大量的消费体验，且深刻理解着品牌内涵。

社群满意度通过信任和关系承诺对社群成员行为产生影响。社群成员的高满意度能够使其积极参与到品牌社群活动中来。社群成员获得满意时，会倾向于更多地参与到品牌社群活动中，以便获得更高程度的满意感。此时消费者对品牌社群的参与程度也发生了改变，由信息的获取者转变为为其他消费者提供品牌信息和品牌认知。从社群成员个人层次来看，满足了信息和心理的价值诉求；而从品牌的角度来看，社群成员满意度的获取对品牌的口碑进行了最有说服力的传播。消费者更倾向于通过口碑传播等非正式营销渠道获取信息，并对品牌形成一定的认知。消费者的满意度越高，就越会对品牌进行口碑传播。伴随着品牌社群成员满足度的不断提高，其对品牌的口碑不仅局限于品牌社群成员之间，还会对品牌社群之外的潜在消费者进行口碑传播。

社群成员对品牌的口碑传播还要以品牌忠诚度为基础。当消费者对品牌社群感到满意时，会更多地参与到品牌社群的活动中，情感投入也更多，对品牌形成偏爱，甚至品牌迷恋。即使有其他社群成员对品牌进行诋毁，品牌社群成员会对其进行反驳并维护品牌利益。且高满意度的社群成员也对品牌和品牌社群投入了很多的情感交流，其转移成本也较高，故形成了较高的品牌忠诚度。社群满意度有利于消费者正确地认识品牌和品牌文化，这对品牌形象的认知有正向作用。同时品牌社群的满意度有利于品牌形象的提升。品牌社群满意的直接效应是使得社群内的互动越来越频繁，且品牌社群的规模也更大，故品牌社群的活力也就越大。

综合以上分析，可得出假设消费者的品牌社群满意度对品牌社群价值有着显著的正向影响，而品牌社群价值又分为口碑、品牌形象、品牌忠诚和社群活力四个维度，故本书提出如表 4-2 所示假设：

表 4-2 品牌社群满意度影响品牌社群价值的相关假设

| 假设编号 | 假 设 内 容 |
|---|---|
| H1e | 社群满意度对口碑有显著的正向影响。 |
| H1f | 社群满意度对品牌形象有显著的正向影响。 |
| H1g | 社群满意度对品牌忠诚有显著的正向影响。 |
| H1h | 社群满意度对社群活力有显著的正向影响。 |

（3）品牌社群影响度与品牌社群价值的相关假设

品牌社群的影响度是消费者对品牌社群感知的主要维度之一。消费者对品牌社群的影响度可以分为两个方面：其一是品牌社群对消费者做出消费者决策时的影响，即品牌社群对消费者个体的影响；其二是消费者所归属的品牌社群对其他品牌社群和消费市场的影响力，即品牌社群间的影响力。品牌社群的影响度取决于消费者在参与品牌社群的过程中，对该影响的感知程度，而消费者的这种感知程度由消费者的控制和影响所决定（Obst 等，2002）。在个体角度来看，品牌社群对社群成员的影响度越高，社群成员的卷入度也就越高（Bandura，1986）。在品牌社群角度来看，品牌社群对其他社群和社会的影响度，有利于提高该品牌社群成员对其的情感依赖，同时也有利于吸引企业进入到品牌社群中，与消费者和品牌社群建立互动关系。唐舒静（2011）用生态位理论对品牌社群进行了研究，在核心消费者模型基础之上对品牌社群生态位进行了分析，认为企业需要参与到品牌社群中，主动改变品牌社群的生态位状况，进而提高品牌社群影响力。当品牌社群在整个品牌生态系统中有了恰当的生态位，其就会展现出社群影响力。社群影响力通过品牌社群中的核心消费者将品牌或产品、社群成员、品牌社群管理者连接起来，使得他们之间有着频繁的互动。

品牌社群的影响度与品牌社群价值间的关系，可以从两个维度进行考察。第一是品牌社群内核心社群成员对其他社群成员的影响，第二是品牌社群对企业、其他品牌社群及成员、消费者和潜在消费者的影响。在品牌社群内，核心社群成员的影响力来源于其在社群中的资历和威望，而这又由其所掌握的社群资本所决定，其正是用这些社群资本来满足社群人员的不同层次的价值诉求，进而来获得影响力。在这个过程中，有利于培养其他品牌社群成员的品牌忠诚和提升其对品牌形象的认识。且频繁的互动能够吸引更多的消费者成为品牌社群成员，故对社群活力也有很好的提升。同时这一过程也是社群成员之间对品牌的口碑传播的主要表现之一。故在社群成员的个人层面上来看，可假设品牌社群的影响对品牌社群价值有显著正向影响。

在品牌社群层次来看，品牌社群的影响力体现在以下几个方面：第一对消费者和潜在消费者的吸引；第二与其他品牌社群比较，具有较强的威信和影响力，且发布的产品信息更为可靠；第三品牌社群的影响力能够吸引其他品牌社群成员，因为该品牌社群内的成员多能够满足消费者不同层次的消费者需求。社群层次的影响力对品牌来说已经成为很好的口碑，社群影响力不仅能够提高消费者的品牌忠诚度，还能够吸引其他品牌社群成员的进入，同时品牌社群影响力对品牌社群的互动增加，且社群活动频繁，最终导致了品牌社群活力的增加。品牌社群影响力有利于增加消费者对品牌和产品的关注，增加品牌的影响度，进而对品牌形象提升有正向影响。故在品牌社群的整体层面上来看，可假设品牌社群的影响对品牌社群价值有显著正向影响。

综合以上分析，可得出假设——消费者的品牌社群影响度对品牌社群价值有着显著的正向影响，而品牌社群价值又分为口碑、品牌形象、品牌忠诚和社群活力四个维度，故本书提出如表 4-3 所示假设：

表 4-3 消费者品牌社群影响度影响品牌社群价值的相关假设

| 假设编号 | 假 设 内 容 |
|---|---|
| H1i | 社群影响度对口碑有显著的正向影响。 |
| H1j | 社群影响度对品牌形象有显著的正向影响。 |
| H1k | 社群影响度对品牌忠诚有显著的正向影响。 |
| H1l | 社群影响度对社群活力有显著的正向影响。 |

### 4.2.2 品牌社群感知影响消费者卷入的相关假设

（1）消费者对品牌社群认同与消费者卷入的相关假设

消费者对品牌社群的认同源于其对品牌社群某一因素的认同，或者是其某一因素得到品牌社群的认同。Carlson（2008）对品牌社群认同、品牌社群心理意识和品牌忠诚三者之间的关系进行了研究，认为品牌社群认同包含认知、情感和评价三个维度，且品牌社群心理意识对社群成员与品牌社群的关系尤为重要。品牌社群心理意识的强化，有利于品牌社群认同感的增加。当消费者对于品牌社群有了较强的认同感时，品牌社群成员就有了基于品牌社群、产品和品牌的共同的价值观。社群成员所共有的价值观是品牌社群的构建基础，也是区别于其他品牌社群的主要标志，其典型特征是以产品和品牌为基础，展现品牌利益，且与品牌的价值认同相匹配。品牌社群认同的另一构建基础是——品牌社群文化，品牌社群文化是品牌文化的衍生，即品牌文化和社群文化的有机结合。品牌文化是对品牌所赋予的文化特征，使得消费者在精神上对品牌有着高度的认可。社群文化具有典型的社会特征，尤其是以集体利益为重。故品牌社群文化是以品牌文化为基础，所形成的特有的文化现象。当品牌社群成员对品牌社群有了相同的价值观，且认同品牌社群文化后，就会对品牌社群有了认同感。

社群成员对品牌社群认同也源于品牌社群对其价值诉求的满足，品牌社群能够满足消费者不同层次的需求，如安全需求、社会需求和自我实现需求等。Bagozzi（2006）以社群成员参与品牌社群活动的心理和社会角度，得出消费者对品牌社群的认同会强化其对品牌的认同，进而强化消费者的购买行为，即做出购买决策，或重复购买等行为。品牌社群是以利益相关者为中心，即消费者、企业和品牌社群，一切活动和信息交换都是从利益相关者的角度进行。具有相同价值观的品牌社群成员的目的是改善和加强利益相关者间的关系，形成更加便捷有效的沟通渠道，提升消费者的消费体验，增强品牌归属感。

当社群成员对品牌社群有了相同的认同感后，其就会对品牌社群产生信任。在品牌社群中获取信息和提供信息，即与品牌社群的其他成员进行交流，对品牌社群有了融入感。消费者对品牌社群的融入是品牌社群形成的基础之一（任枫，2014），而消费者卷入是更深层次的融入。消费者对品牌社群的融入是由消费者的价值诉求和品牌社群的价值满足功能所决定的，而消费者卷入则以更深层次的体验和互动为基础。相同的社群认同能够使得品牌社群成员间对品牌和产品有着更高层次的交流，此时的互动不仅局限于消费体验的互动，更有着关于产品创新和品牌发展的交流。故社群成员对品牌社群的认同能够增强消费者间的信任，进而促进消费者间的互动。

社群成员对品牌社群的认同，促进了成员在品牌社群中对产品和品牌的互动交流，而在互动中会产生对产品创新和改进的意见，这正是企业所亟需盼望的。故从企业角度来看，其会积极地参与到社群成员间的互动过程中。从消费者角度来看，企业参与到品牌社群的互动中，能够带来物质价值和情感价值，使其能与企业直接互动，减少中间环节，对其价值诉求更有效的满足。

综合以上分析，可得出假设品牌社群认同对消费者卷入有着显著的正向影响，而消费者卷入又分为消费者间的互动和消费者与企业间的互动两个维度，本书提出如表 4-4 所示假设：

表 4-4 品牌社群认同影响消费者卷入的相关假设

| 假设编号 | 假 设 内 容 |
|---|---|
| H2a | 消费者对品牌社群认同对消费者之间互动程度有显著的正向影响。 |
| H2b | 消费者对品牌社群认同对消费者与企业间互动程度有显著的正向影响。 |

(2) 消费者对社群满意度与消费者卷入的相关假设

消费者的满意度是指消费者对品牌、产品的使用效果的感知与其期望值的比较，根据比较结构所形成的一种愉悦的心理状态（陶安、刘雁妮，2014）。陶安等（2014）在对虚拟品牌社群和非虚拟品牌社群的研究中，提出了消费者参与品牌社群与社群满意间的研究模型，得出社群成员参与品牌社群和社群满意度之间具有正向影响，且以社群感为中介所形成。品牌社群感是由社群成员间分享彼此需求，并且产生承诺进而引发信赖感（McMillan，1986），其具有五个维度：社群认同、社群满意感、社群归属、社群情感依赖和社群意识（陶安、刘雁妮，2014）。品牌社群感主要体现在社群成员的身份和参与动机上，在社群身份上，由于品牌社群是由企业或消费者发起成立的，社群成员都有着大量的消费体验，且深刻理解着品牌内涵。从社群成员的参与动机来看，社群成员在参与品牌社群的互动中来获得物质价值，与其他社群成员交换信息，使得他们对产品和品牌有着更好的认识和认同。

社群成员对品牌社群的满意感来源于品牌社群的参与，而消费者对不同类型的品牌社群的参与动机又各不相同。消费者参与线下品牌社群的驱动因素主要有动机、机会和能力，而参与线上品牌社群的驱动因素主要有感知有用性和感知易用性。消费者面对不同类型的品牌社群的参与对品牌社群感有着直接的正向影响，而品牌社群感又对消费者的品牌社群满意度有着直接的影响。

品牌社群卷入是社群成员参与社群所组织的各种活动中，真正地将情感融入到品牌社群中的一系列过程。社群成员由于自我意识的相同而受到社群的吸引，进而对其他社群成员产生信任，对社群感到满意。Algesheimer（2005）研究得出，消费者对品牌社群有着较强的满意感时，其保持独立性的意愿就减弱，对品牌社群的卷入度就高，进而更愿意参与品牌社群活动，与社群成员互动，并推荐该品牌社群。消费者对品牌社群的满意，会使得消费者对企业形象产生正面的影响，进而更有意愿与企业互动，为企业提供可靠的信息（例如创新点、产品缺陷）以便企业对产品进行改进。同时，消费者对品牌社群的满意，使得成员之间有着不仅是互相满足信息需求的联系，更能促进消费者间进行情感方面的互动，形成以品牌文化为特质的品牌社群共有的价值观。

综合以上分析，可得出假设消费者的品牌社群满意度对消费者卷入有着显著的正向影响，而消费者卷入又分为消费者间的互动和消费者与企业间的互动两个维度，故本书提出如表 4-5 所示假设：

**表 4-5　消费者品牌社群满意度影响消费者卷入的相关假设**

| 假设编号 | 假设内容 |
|---|---|
| H2c | 消费者对品牌社群满意度对消费者之间互动程度有显著的正向影响。 |
| H2b | 消费者对品牌社群满意度对消费者与企业间互动程度有显著的正向影响。 |

（3）品牌社群影响度与消费者卷入的相关假设

品牌社群的影响度是消费者对品牌社群感知的主要维度之一。消费者对品牌社群的影响度可以分为两个方面：其一是品牌社群在对消费者做出消费者决策时的影响，即品牌社群对消费者个体的影响；其二是消费者所归属的品牌社群对其他品牌社群和消费市场的影响力，即品牌社群间的影响力。

品牌社群的影响度取决于消费者在参与品牌社群的过程中，对该影响的感知程度，而消费者的这种感知程度由消费者的控制和影响所决定（Obst 等，2002）。在个体角度来看，品牌社群对社群成员的影响度越高，社群成员的卷入度也就越高（Bandura，1986）。在品牌社群角度来看，品牌社群对其他社群和社会的影响度，有利于提高该品牌社群成员对其的情感依赖，同时也有利于吸引企业进入到品牌社群中，与消费者和品牌社群建立互动关系。

唐舒静（2011）用生态位理论对品牌社群进行了研究，在核心消费者模型基础之上对品牌社群生态位进行了分析，认为企业需要参与到品牌社群中，主动改变品牌社群的生态位状况，进而提高品牌社群影响力。当品牌社群在整个品牌生态系统中有了恰当的生态位，其就会展现出社群影响力。社群影响力通过品牌社群中的核心消费者将品牌或产品、社群成员、品牌社群管理者连接起来，使得他们之间有着频繁的互动。品牌社群的影响力可表述为社会资本和消费体验两个维度（吕明军等，2014），其中社会资本是就品牌社群整体角度而言，是社群成员、企业、品牌和产品所组成的社会关系网，其对企业的影响策略有着较强的影响，品牌社群的社会资本具有网络性、关系性和认知性三个特征。品牌社群的社会资本能够协调企业与社群成员间的关系，促进他们之间的合作与信任。品牌社群社会资本能够给所有利益相关者带来信息和社会支持等利益。品牌社群的核心就是基于品牌的社会关系，是由某一特定品牌的使用者所建立，故当品牌社群具有强关系时，社群成员会对品牌和品牌社群产生依恋，进而会促进更多的品牌社群内的消费者间互动。

品牌社群影响力的另一个维度则是消费体验。消费体验是一种超乎了产品和服务的非凡感受和情感，其来源于产品或消费环境的刺激或消费者的认知。消费者体验主要由三个维度构成：感官体验、超然体验和情感体验（詹佩娜，2013）。社群成员的消费体验呈现出多样化、大量性。品牌社群中，社群成员能够获得超然消费体验。这种超然消费体验能够对成员的行为和态度产生深刻且持久的影响。当社群成员想要持续性地获得这种超然体验时，其会逐渐将品牌社群视为不可或缺的一部分，并不断地参与到品牌社群中与其他消费者和企业进行互动。

品牌社群通过社会资本来提高社群成员的行为忠诚，通过消费体验来提高社群成员的态度忠诚，最终表现出品牌社群的影响力。在品牌社群影响力的作用下，消费者、企业和品牌都会对品牌社群进行卷入，以便更好地获得社会资本和消费体验。

综合以上分析，可得出假设品牌社群影响度对消费者卷入有着显著的正向影响，而消费者卷入又分为消费者间的互动和消费者与企业间的互动两个维度，故本书提出如表 4-6 所示假设：

**表 4-6　品牌社群影响度影响消费者卷入的相关假设**

| 假设编号 | 假设内容 |
|---|---|
| H2e | 品牌社群影响度对消费者之间互动程度有显著的正向影响。 |
| H2f | 品牌社群影响度对消费者与企业间互动程度有显著的正向影响。 |

## 4.2.3　消费者卷入影响品牌社群价值的相关假设

（1）消费者间互动与品牌社群价值的相关假设

消费者卷入以品牌社群融入为基础，当消费者卷入后，会表现出同类意识、社群责任感、社群精神。同类意识是消费者卷入的一个最初表现。伴随着社群成员在品牌社群中的价值诉求的满足，其与品牌社群中的利益相关者间的社群关系变强烈，此时社群成员会出现分化。一部分由于精力或者兴趣的转移等因素，演化为品牌社群的浏览者，而另一部分社群成员受到品牌社群的影响，参与到品牌社群更多的活动中，与其他社群成员和品牌企业进行互动，最终对品牌社群产生归属感（Szmigin 等，2004）。一旦社群成员对品牌社群有了归属感，就会感觉与其他社群成员具有同类意识，这种共同意识不仅表现在对其他社群成员的态度、品牌认知，还表现在对品牌社群价值的认知。社群精神是一种显性社会认同，其与社群文化和历史息息相关。不同的品牌社群，其社群精神可能有着较大的差异。品牌社群的浏览者对品牌社群精神知晓得较少，很难对其有深刻理解，故其卷入度不高，对品牌社群价值认识相应较少。品牌社群责任是社群成员对社群所负有的责任和义务。社会责任可以从两方面进行理解：第一是使自己真正地融入到品牌社群中，而非只停留在浏览者的角色，同时也满足其他消费者的价值诉求。社群责任感强烈的成员会帮助其他社群成员获得关于产品的信息和知识。第二是对社群整体和品牌企业的责任，对品牌社群规则的遵守，对品牌企业发展提供建议等都能表现这种社群责任。

当消费者卷入后，其就会遵守社群的制度，且尽力参与到品牌社群及其利益相关者互动中。由上文分析知，消费者卷入包含两个维度，即消费者间互动和消企间互动。

在品牌社群情景下，消费者间互动具有相互依赖性、相互影响和连通性三个特征。相互依赖性是指社群成员对关系、对他人的依靠和对别人的理解程度。Kacanaught 等（2005）在分析品牌社群参与度的研究汇总中提到，消费者间的互动强度是时间、情感和互惠服务的组合，且具有以下特征：自发地满足其他社群成员的价值诉求、频繁的互动和真正了解他人的价值诉求。

影响力是指社群成员所期望的其对品牌社群的重要程度，是引起其他社群成员改变的能力。当社群成员具有了很强的影响力，此时该社群成员就成为品牌社群的核心成员，乃至消费者领袖。其对产品的评价会对其他品牌社群成员的购买决策产生很大的影响。同时其所提供的信息也可能会在品牌社群中引发很大的争议，导致品牌社群中的讨论激励，互动频繁，这也有利于品牌社群活力的增加。连通性则是强调社群成员间具有共同的关注点、价值观，且围绕这些进行信息交流。在消费者间互动中，消费者会对品牌社群价值形成感知，而消费者具有同类意识，故其对品牌社群价值的态度一致。消费者间互动，能够加深对品牌和产品的认识，使得消费者能够有更好的消费体验，对品牌和产品信任，进而向品牌社群外的消费者进行宣传并吸引其到品牌社群的互动中，故假设品牌社群中的消费者间互动对品牌口碑是正向影响。消费者间互动能够使得消费者对品牌形象有积极的认识，消费者对品牌形象的认识还取决于品牌社群所宣扬的品牌社群文化和品牌文化，当品牌社群中讨论的多是产品的优点和缺陷的改进和优化措施时，消费者间的互动有利于品牌星星的增进，故假设品牌社群中的消费者间互动对品牌口碑是正向影响。消费者间互动也同时能够增强品牌社群的参与氛围，使得品牌社群的运行更加规范化和组织化。同时由于该品牌社群中互动较多，会吸引该品牌的其他类型和形式的社群成员融入到品牌社群中，成为其中一员，所以该品牌社群具有较强的竞争力，故假设消费者间互动对品牌社群活力有着正向影响。消费者间的互动，使得社群成员对该社群、成员和产品有着情感依赖，其对品牌的转移成本很高。同时互动中，消费者获得了物质价值和情感价值，其对品牌和社群有着较强满意感。由于消费者间的互动，能够给社群成员带来信息尤其是基于其他消费者的消费体验信息，若其能成为品牌社群的社群成员，必对品牌和产品的质量和消费体验有着较高的评价，则其对品牌也会产生信任，故消费者对品牌有着较高的忠诚度。故假设消费者间互动对品牌忠诚有正向影响。

综合以上分析，可得出假设消费者间互动对品牌社群价值有着显著的正向影响，而品牌社群价值又分为口碑、品牌忠诚、品牌形象和品牌社群活力四个维度，故本书提出如表 4-7 所示假设：

**表 4-7　消费者间互动影响品牌社群价值的相关假设**

| 假设编号 | 假 设 内 容 |
|---|---|
| H3a | 消费者间互动对口碑有显著的正向影响。 |
| H3b | 消费者间互动对品牌形象有显著的正向影响。 |
| H3c | 消费者间互动对品牌忠诚有显著的正向影响。 |
| H3d | 消费者间互动对社群活力有显著的正向影响。 |

（2）消费者与企业互动与品牌社群价值的相关假设

消费者间的互动带有社会性的互动性质，而消费者与企业间的互动则是个人的互动作用。消费者与企业间的互动由品牌熟悉度和娱乐性两个因素组成。

社群成员通过与企业和品牌的个人互动作用，形成个人认同感的品牌和品牌社群认同感。消费者与企业之间既有以品牌社群为平台的直接互动，也有以品牌社群为中介的间接互动（Song Chang Seog 等，1999）。消费者与企业的直接互动表现为消费者对使用产品的过程中遇到的困惑直接通过品牌社群渠道向企业咨询。消费者与企业的间接互动，则为企业将信息和物资等交给品牌社群，再由品牌社群给予社群成员。

消费者与企业间的互动有利于增加社群成员的品牌熟悉度。品牌熟悉度是强化品牌社群成员对企业信任的决定性因素，同时也对消费者互动中的口碑和品牌忠诚产生正向影响（Gremler 等，2001）。品牌熟悉度能够减低社群成员的风险感知，强化其购买决策。消费者与企业间的互动情境下，消费者对品牌更加熟悉，品牌关系质量也就进一步提高。娱乐价值是消费者参与、融入并卷入品牌社群的主要驱动因素（Dholakia 等，2004）。Chen 等在对 120 个公司及各自的品牌社群数据进行收集后，得出娱乐价值是继信息价值之后的消费者参与品牌社群的第二大驱动因素。社群成员在互动中所获得的娱乐价值主要有：其一是企业所提供的内容带来的愉悦感，其二是参与到企业的互动中所获得的愉悦感。社群成员通过与企业和品牌的个人互动作用，形成个人认同感和品牌社群认同感。在品牌社群情境下，消费者的个人认同可以分解为对个人的品牌认同和个人对品牌社群认同。个人认同起始于消费者对品牌所产生的相似性，表现为社群成员对其所归属的社群和品牌的热爱。消费者与企业的认同感是根据特定企业，由消费者所形成的。个人对品牌的认同感标示了消费者与企业或品牌的关系强度。即消费者和企业对品牌社群的卷入度。在消费者与企业互动中，社群成员有了对企业和品牌的认同感，同时也对品牌社群形成了认同感，进而形成了对品牌社群、品牌和产品的认可。此时，品牌社群成员对品牌和产品有着较好的口碑，且品牌忠诚度高，对品牌形象、社群活力也有着正向的印象。在品牌社群的相关研究中，Algesheimer 等（2005）研究显示，强烈的社群卷入有助于保持更为长久的社群成员关系，以及强化社群的推荐意愿。而Bagozzi和Dholakia（2006）运用实验法进一步验证了社群参与愿望和卷入程度对品牌忠诚的间接影响。同时，Schouten（2007）等在品牌聚会（Brandfests）的背景下研究发现，愉悦的消费经历会强化消费者对社群的纽带关系，因此导致更高水平的社群和品牌忠诚。而在中国的社会情境下，有学者将品牌社群作为中介变量，证实了消费者的品牌体验经品牌社群中介作用后对品牌忠诚具有正向影响。也有学者研究发现虚拟品牌社群具备的各种价值对形成和强化社群成员社群感，以及提升社群成员的忠诚和品牌声誉保护意识具有积极的作用。

在互动中产生连带关系，企业也能够达到营销目的，且获得基于消费者深度体验的产品创新和改进，进而会对品牌社群和社群成员进行物资激励，这些促进了品牌社群人气和竞争力的增加。故可假设品牌社群下，消费者与企业互动对品牌社群活力具有正向影响。该种互动有利于消费者对品牌产生积极的评价和认知。同时也为企业宣传品牌形象和品牌意识提供了渠道，企业会将品牌形象积极推广到品牌社群中。在互动过程中，品牌社群成员会潜移默化地熟悉品牌文化和品牌形象。故假设消费者与企业互动对品牌形象具有正向影响。通过消费者与企业的互动，消费者对品牌有着较高的熟悉度，对品牌和产品有着很强的信任和满意度，同时由于对品牌社群和品牌有着较强的情感依赖，其转移成本也较高，故假设消费者与企业间互动对品种忠诚有显著的正向影响。

综合以上分析，可得出假设——消费者与企业间互动对品牌社群价值有着显著的正向影响，而品牌社群价值又分为口碑、品牌忠诚、品牌形象和品牌社群活力四个维度，故本书提出如表4-8所示假设：

表 4-8 消费者与企业间互动影响品牌社群价值的相关假设

| 假设编号 | 假 设 内 容 |
|---|---|
| H3e | 消费者与企业间互动对口碑有显著的正向影响。 |
| H3f | 消费者与企业间互动对品牌形象有显著的正向影响。 |
| H3g | 消费者与企业间互动对品牌忠诚有显著的正向影响。 |
| H3h | 消费者与企业间互动对社群活力有显著的正向影响。 |

### 4.2.4 企业介入度的调节作用相关假设

(1) 企业介入度与社群感知影响消费者间互动的相关假设

消费者建立的品牌社群趋于完善后，由于其具有开放性的特征，则会表现出强大的凝聚力，吸引越来越多的消费者融入品牌社群中，利用品牌社群来满足其对品牌或产品的价值诉求。在品牌社群互动中，当消费者对产品的创新和购买建议，足以影响企业营销策略和消费者的购买决策时，企业就有了加入品牌社群的动机。

企业对品牌社群的介入度高时，此时的品牌社群为企业主导的品牌社群。企业主导的品牌社群中，企业和社群成员都可以利用自有的关于产品的信息和知识来满足消费者的不同价值诉求，但由于品牌社群中大部分的资源尤其是信息资源都是由企业掌握，故消费者的价值诉求主要由企业所提供的资源来得以满足。在企业主导的品牌社群中，消费者的价值诉求主要表现为物质价值诉求，企业能够给消费者提供较多的物质价值让渡，如优惠券的发放和针对社群成员的优惠活动等。在企业主导的品牌社群中，品牌社群并不以消费者利益最大化为主要目的，而是以满足企业的营销、创新和信息需求为主要目的，同时兼顾满足消费者不同层次的价值诉求。

在企业主导的品牌社群情境下，社群成员会用有种族群感，并用“我们”

和“他们”来区别其他社群成员，这是品牌社群认同感的表面表现。当消费者将其视为品牌社群中的一员时，其会对品牌社群及其社群成员赋予情感和道义上的支持。其中，品牌和产品是消费者对品牌社群认同的根本所在。当社群成员对社群认同时，社群成员就会围绕品牌和产品的优劣势进行信息交换，以便满足各自的信息价值需求。因为此时的品牌社群为企业主导，此时可能消费者的物质价值诉求和信息价值诉求都由企业来进行满足，且社群成员间的互动也在企业的监视之下进行。此时社群成员对品牌社群的认同很容易在企业的主导下形成，且是朝着对企业和品牌有利的方向发展。品牌社群认同具有一致性且都是对品牌的感知是好的，消费者间的互动对品牌和产品的评论都是有利的，对产品的缺陷提出的都是改进意见而非抱怨和批评，同时对产品的缺陷也能表现出宽容和谅解的态度。企业主导的品牌社群下，消费者对品牌社群满意度的感知不仅与社群的服务质量和社群规则有关，还与品牌满意度有关。所以，品牌社群的满意度通过品牌满意度来影响消费者间互动的积极性。

企业主导的品牌社群的影响力的驱动因素是品牌的影响力和企业的发展规模，企业能够注入更多的资金用于品牌社群的建设工作，规范品牌社群的运行，并成立专门运营品牌社群的组织，以便提高品牌社群的影响力。企业主导的品牌社群带有官方背景，其社群影响力明显高于消费者主导的品牌社群，高影响力的品牌社群能够吸引更多的消费者卷入到品牌社群中，进而促进消费者间更多的互动。企业主导的品牌社群能够经常举行以品牌或产品为核心的活动（如优惠活动，试驾体验等），使得社群成员能够有了更多的互动机会，且满足了其关于信息，心理和物资的价值诉求。同时，企业主导的品牌社群要保持消费者间频繁的互动，需要给社群成员提供最新的产品信息，甚至以品牌社群为其企业的官方信息发布渠道。同时，企业主导的品牌社群对消费者的心理价值诉求和物质价值的诉求，都是以企业为主要提供者，这能够使得消费者对品牌有直接的认识和感知。

当企业对品牌社群的介入度较低时，此时品牌社群为消费者主导的品牌社群。消费者主导的品牌社群中，企业对其参与度较小，社群成员的价值诉求主要由其他社群成员所提供的信息和知识等来得以满足。在消费者主导的品牌社群中，企业可以视为普通的品牌社群成员，其参与品牌社群主要是为了满足其对信息价值的需求。企业以品牌社群为途径，来获取消费者的消费偏好和消费倾向等信息。消费者主导的品牌社群由消费者自发组织和管理，消费者在品牌社群中占据主要地位，主要目的是最大程度地满足消费者的价值诉求，并以消费者的利益为核心。当企业做出不利于消费者的产品或营销策略时，品牌社群会为保护社群成员的利益，迅速做出反应策略，而对企业的利益顾及较少。

对于消费者主导的品牌社群，其社群认同在认同的一致性上与企业主导的品牌社群相同，但认同的维度和维系可能不同。消费者主导的品牌社群中，消费者间的互动可能是有利于品牌和企业的发展，也可能对品牌和企业的发展不利。其目的是非营利和非官方的，这方面可能有利于消费者间进行信息交换，进而促进消费者间的互动。在满足消费者的物资的价值诉求方面来看，消费者主导的品牌社群的影响力没有企业主导的品牌社群影响力大，不利于吸引物质价值诉求高的消费者进入到品牌社群中，但这反而有利于品牌社群内互动频率的提高。因为此时加入消费者主导的品牌社群中的社群成员，其主导的价值诉求为信息和心理方面，这些价值的满足必须通过消费者间的互动才能予以满足。

综合以上分析，可得出假设企业介入度在社群感知影响消费者间互动程度方面有调节作用，而品牌社群感知又分为社群认同、社群满意度、社群影响力等三个维度，故本书提出如表 4-9 所示假设：

表 4-9　企业介入度在品牌社群感知影响消费者之间互动中发挥调节作用的相关假设

| 假设编号 | 假设内容 |
| --- | --- |
| H4a | 企业介入度在社群认同影响消费者之间互动程度方面具有调节作用。 |
| H4b | 企业介入度在社群满意度影响消费者之间互动程度方面具有调节作用。 |
| H4c | 企业介入度在社群影响度影响消费者之间互动程度方面具有调节作用。 |

（2）企业介入度与社群感知影响消费者与企业间互动的相关假设

企业的参与程度的高低促使初期的品牌社群演化成消费者主导和企业主导的品牌社群。初期的品牌社群形成之后，企业由于营销、创新和信息等的驱动因素，会参与到品牌社群中。考虑到企业的战略规划和外部环境的影响，企业对品牌社群的参与会呈现出不同的参与程度。当企业参与品牌社群的动机较小，或企业战略规划中未将品牌社群作为主要的营销策略时，企业对品牌社群的参与度较小甚至不参与，此时的品牌社群为消费者主导的品牌社群。出于对企业营销战略和外部环境的变化（例如信息技术的迅速发展等）的考虑，企业以品牌社群为营销手段，通过品牌社群获取创新的动力和信息等，此时企业有强烈的参与品牌社群动机，进而企业的参与程度较高，消费者的价值诉求主要由企业来得以满足，此时，品牌社群为企业主导的品牌社群。

当企业对品牌社群的介入度高时，品牌社群为企业主导的品牌社群。在企业主导的品牌社群中，社群的认同以品牌为核心，社群的影响力也主要是依靠企业的影响力、产品性能以及品牌的影响力，社群满意度成为企业考核绩效的主要内容。企业在品牌社群中的角色和地位也发生了变化，企业有可能成为品牌社群直接或间接的管理者。此时，品牌社群成员与企业间的互动也发生了变化，且品牌社群的性质也发生变化，成了企业的官方营销渠道，对于不利于企业发展和品牌口碑的信息予以删除，对品牌和产品的功能进行夸大宣传。此时品牌社群中也可能聚集着大量的消费者，但消费者的主要价值诉求为信息和物资两个方面。企业主导的品牌社群提供的信息，更为官方且权威，但有可能出于产品设计方面的考虑，对一些信息不予提供，这只能依靠消费者与企业间的互动来获取。企业主导的品牌社群由于对产品和品牌有定价权，可以以物资方面的优惠来吸引更多的消费者成为品牌社群成员，例如针对会员的打折促销活动。故企业主导的品牌社群中，社群的认同、社群的影响力和社群的满意度三个维度对企业与消费者间的互动有影响。

当企业对品牌社群的介入度较低时，品牌社群为消费者主导的品牌社群。消费者主导的品牌社群中，企业作为普通的社群成员加入品牌社群中。此时，从消费者对品牌社群的认同来说，社群认同不被品牌和企业的利益所主导，而以消费者对品牌和产品的真实评价为主导。此时产品或品牌有重大的设计缺陷或质量问题时，品牌社群反而更加活跃，即品牌社群的互动频率不被品牌所主导。但品牌对消费者主导的品牌社群还是存有影响力。消费者对品牌社群的满意度，体现在消费者在消费者主导的品牌社群中所获得的信息、心理和物资三个维度的价值诉求。消费者主导的品牌社群对消费者的信息提供，既可以来自消费者间的互动，也可以来自消费者与企业间的互动，但此时的信息主要以消费者通过消费体验所获得的信息为主。消费者主导的品牌社群中，消费者能够获得较多的心理价值诉求，此时消费者能够自主建立品牌社群的规则，并管理品牌社群和组织社群活动，为新社群成员提供购买决策信息。在满足物资诉求方面，消费者主导的品牌社群能够与作为社群成员的企业进行合作，通过企业的物资供给来满足消费者的需求。不同于企业主导的品牌社群，消费者主导的品牌社群成员与企业的互动可能发生在管理品牌社群和组织社群活动上。这种层次的交流能够给消费者和企业带来更多的互动机会。

综合以上分析，可得出假设企业介入度在社群感知影响消费者与企业间互动程度方面有调节作用，而品牌社群感知又分为社群认同、社群满意度、社群影响力等三个维度，故本书提出如表4-10所示假设：

**表4-10 企业介入度在品牌社群感知影响消费者与企业间互动中发挥调节作用的相关假设**

| 假设编号 | 假设内容 |
| --- | --- |
| H4d | 企业介入度在社群认同影响消费者与企业间互动程度方面具有调节作用。 |
| H4e | 企业介入度在社群满意度影响消费者与企业间互动程度方面具有调节作用。 |
| H4f | 企业介入度在社群影响度影响消费者与企业间互动程度方面具有调节作用。 |

## 4.3 本章小结

本章首先提出了操作模型。在文献分析的基础上，结合不同类型的品牌社群的特点，将品牌社群中关于品牌社群的感知分为了社群认同、社群满意度和社群影响力三个维度；将消费者卷入分为了消费者间互动和消费者与企业间互动两个维度；将品牌社群价值分为口碑、品牌形象、品牌忠诚和社群活力四个维度。提出了图4-1所示的操作模型。

其次结合学者们的研究，对操作模型中的构念间的关系进行了分析，并在分析之上提出了本书的研究假设。所有假设汇总见表4-11。

**表 4-11 论文研究假设汇总表**

| 假设类别 | 假设编号 | 假设内容 |
|---|---|---|
| 决定因素相关假设 | H1a | 社群认同对口碑有显著的正向影响。 |
| | H1b | 社群认同对品牌形象有显著的正向影响。 |
| | H1c | 社群认同对品牌忠诚有显著的正向影响。 |
| | H1d | 社群认同对社群活力有显著的正向影响。 |
| | H1e | 社群满意度对口碑有显著的正向影响。 |
| | H1f | 社群满意度对社群形象有显著的正向影响。 |
| | H1g | 社群满意度对品牌忠诚有显著的正向影响。 |
| | H1h | 社群满意度对社群活力有显著的正向影响。 |
| | H1i | 社群影响度对口碑有显著的正向影响。 |
| | H1j | 社群影响度对品牌形象有显著的正向影响。 |
| | H1k | 社群影响度对品牌忠诚有显著的正向影响。 |
| | H1l | 社群影响度对社群活力有显著的正向影响。 |
| | H2a | 品牌社群认同对消费者之间互动程度有显著的正向影响。 |
| | H2b | 品牌社群认同对消费者与企业间互动程度有显著的正向影响。 |
| | H2c | 品牌社群满意度对消费者之间互动程度有显著的正向影响。 |
| | H2d | 品牌社群满意度对消费者与企业间互动程度有显著的正向影响。 |
| | H2e | 品牌社群影响度对消费者之间互动程度有显著的正向影响。 |
| | H2f | 品牌社群影响度对消费者与企业间互动程度有显著的正向影响。 |
| | H3a | 消费者间互动对口碑有显著的正向影响。 |
| | H3b | 消费者间互动对品牌形象有显著的正向影响。 |
| | H3c | 消费者间互动对品牌忠诚有显著的正向影响。 |
| | H3d | 消费者间互动对社群活力有显著的正向影响。 |
| | H3e | 消费者与企业间互动对口碑有显著的正向影响。 |
| | H3f | 消费者与企业间互动对品牌形象有显著的正向影响。 |
| | H3g | 消费者与企业间互动对品牌忠诚有显著的正向影响。 |
| | H3h | 消费者与企业间互动对社群活力有显著的正向影响。 |
| 调节因素相关假设 | H41a | 企业介入度在社群认同影响消费者之间互动程度方面具有调节作用。 |
| | H42a | 企业介入度在社群满意度影响消费者之间互动程度方面具有调节作用。 |
| | H43a | 企业介入度在社群影响度影响消费者之间互动程度方面具有调节作用。 |
| | H44a | 企业介入度在社群认同影响消费者与企业间互动程度方面具有调节作用。 |
| | H45a | 企业介入度在社群满意度影响消费者与企业间互动程度方面具有调节作用。 |
| | H41b | 企业介入度在社群影响度影响消费者与企业间互动程度方面具有调节作用。 |

# 第五章

# 实证研究设计

研究设计的目的是根据提出的理论模型与假设，将模型中的各个变量转变成为操作计划，并提出具体的实施步骤和程序，验证模型和假设的过程。在社会科学研究领域中，数据的收集通常采用问卷调查方法。通过问卷设计，将要测量的变量转变为多个问题，请求被调查者做出回答和判断，从而获得可靠的一手数据资料。本项研究中的数据收集也采用问卷调查方法。根据本书第四章构建的基本模型和理论框架，围绕模型中提出的各个变量的操作性定义，结合现有国内外学者在研究中提出的较为成熟的变量测量量表来开发设计各变量的测量量表内容，先形成初始问卷，并对问卷进行修正调整和问卷前测，最终形成正式调查问卷。

## 5.1 量表设计

品牌社群感知对品牌社群价值的影响机理模型中涉及的自变量有三项，分别是社群认同、社群满意度、社群影响度；中介变量有两项，分别是消费者之间互动程度和消费者与企业之间互动程度；因变量有四项，分别是口碑、品牌形象、品牌忠诚和社群活力；调节变量有一项，为企业介入程度。

### 5.1.1 品牌社群感知诸维度的测量

（1）社群认同的测量

社群认同是影响消费者参与到品牌社群互动的主要因素之一。对于社群认同的测量主要参照了 Von Loewenfeld（2006）的研究，认为社群认同应当包括社群成员的认同感，社群在生活中所扮演角色，对社群理念、活动的认可等几个方面，参照 Von Loewenfeld 的量表内容和本研究对于社群认同的定义，提出了社群认同的测量量表，如表 5-1 所示。

**表 5-1 社群认同测量量表**

| 变量名 | 编号 | 测量题项 | 参考来源 |
|---|---|---|---|
| 社群认同 | SQRT1 | 我认为我是该品牌社群的一员 | Von Loewenfeld(2006) |
| | SQRT2 | 该品牌社群在我的日常生活中扮演重要角色 | |
| | SQRT3 | 我认同该品牌社群的理念 | |
| | SQRT4 | 我很喜欢该品牌社群 | |
| | SQRT5 | 我会全身心地投入到该品牌社群的活动 | |

（2）社群满意度的测量

社群满意度指的是个体对于所在社群包括人际互动、价值系统和生活经验等在内的主观认知。Von Loewenfeld（2006）对社群满意度进行了研究，认为社群满意度主要包括社区活动是否能够达到预期、是否与自己的兴趣相匹配、是否满足了参与者的需求等。参照该学者的量表内容和本研究对于社群满意度的定义，提出了社群满意度的测量量表，如表 5-2 所示。

**表 5-2 社群满意度测量量表**

| 变量名 | 编号 | 测量题项 | 参考来源 |
|---|---|---|---|
| 社群满意度 | SQMY1 | 总体来说该品牌社群达到了我的预期 | Von Loewenfeld(2006) |
| | SQMY2 | 该品牌社群活动内容和我兴趣匹配 | |
| | SQMY3 | 该品牌社群满足了我的需求 | |

（3）社群影响度的测量

社群影响度是指社群在对消费者做出消费者决策时的影响，即品牌社群对消费者个体的影响。对于消费者个体的影响主要包括了对个体行为和思想的影响、对个体日常生活的影响等。参照 Von Loewenfeld（2006）的研究成果和本研究对于社群影响度的定义，提出了社群影响度的测量量表，如表 5-3 所示。

**表 5-3　社群影响度测量量表**

| 变量名 | 编号 | 测　量　题　项 | 参考来源 |
|---|---|---|---|
| 社群影响度 | SQYX1 | 该品牌社群影响了我的行为和想法 | Von Loewenfeld(2006) |
| | SQYX2 | 该品牌社群对我很有影响力 | |
| | SQYX3 | 该品牌社群对我的日常生活产生了重要影响 | |

## 5.1.2　消费者卷入诸维度的测量

（1）消费者之间互动程度的测量

消费者之间互动程度是指在品牌社群活动中，各个消费者之间交流的程度。Von Loewenfeld（2006）以及 Wiertz & Ruyter（2007）等多位学者对消费者互动进行了研究，认为消费者之间互动主要包括了消费者在社群活动中的活跃程度、各个成员之间的交流程度等。参照以上几位学者的研究和本研究对于消费者之间互动程度的定义，提出了消费者之间互动程度的测量量表，如表 5-4 所示。

**表 5-4　消费者之间互动程度测量量表**

| 变量名 | 编号 | 测　量　题　项 | 参考来源 |
|---|---|---|---|
| 消费者之间互动程度 | XFHD1 | 我很喜欢和该品牌社群成员进行交流 | Von Loewenfeld(2006)；Wiertz & Ruyter(2007) |
| | XFHD2 | 我在该品牌社群中表现很活跃 | |
| | XFHD3 | 我倾向于和该品牌社群成员沟通 | |

（2）消费者与企业互动程度的测量

消费者与企业互动程度主要是指消费者与企业在社群中的交流程度。Wiertz & Ruyter（2007）主要从消费者的角度提出了消费者与企业之间的互动，包括消费者是否愿意参与企业主导的活动中、是否会给参与社群的企业提供信息建议、是否经常关注企业在社群中的动向等。参照以上几位学者的研究和本研究对于消费者与企业互动程度的定义，提出了消费者与企业互动程度的测量量表，如表 5-5 所示。

**表 5-5　消费者与企业互动程度测量量表**

| 变量名 | 编号 | 测　量　题　项 | 参考来源 |
| --- | --- | --- | --- |
| 消费者与企业互动程度 | QYHD1 | 我乐于参与企业组织的品牌社群活动 | Wiertz & Ruyter(2007) |
| | QYHD2 | 我对企业在该品牌社群中发布的信息很感兴趣 | |
| | QYHD3 | 我通过该品牌社群为企业提供建议 | |

## 5.1.3　品牌社群价值诸维度的测量

（1）口碑的测量

口碑作为社群价值的一个维度，指的是社群在社群参与者或者消费者之中的美誉度。Zeithaml 等（1996）提出了口碑的测量维度，主要包括消费者是否会向他人传播社群正面形象、是否会向他人推荐、是否鼓励他人参加品牌社群活动等。参照 Zeithaml 等的研究，提出了口碑的测量量表，如表 5-6 所示。

**表 5-6　口碑测量量表**

| 变量名 | 编号 | 测　量　题　项 | 参考来源 |
| --- | --- | --- | --- |
| 口碑 | KB1 | 我会向他人传播该品牌社群正面形象 | Zeithaml et al.（1996） |
| | KB2 | 我会向我周围的人推荐该品牌社群 | |
| | KB3 | 我鼓励他人参与该品牌社群活动 | |

（2）品牌形象的测量

品牌形象指的是某品牌在消费者心目中的地位，是对品牌的一种无形化的心理预期。Woisetschlager 在 2006 年和 2007 年的两篇文章中均涉及品牌形象的测量，主要包括了品牌的信赖性、是否值得喜欢、是否具有吸引力等，参照其测量方法和本研究对于品牌形象的定义，提出了品牌形象的测量量表，如

表 5-7 所示。

**表 5-7　品牌形象测量量表**

| 变量名 | 编号 | 测　量　题　项 | 参考来源 |
| --- | --- | --- | --- |
| 品牌形象 | PPXX1 | 该品牌值得信赖 | Woisetschlager(2006); Woisetschlager et al. (2007) |
| | PPXX2 | 该品牌值得喜欢 | |
| | PPXX3 | 该品牌是个好品牌 | |
| | PPXX4 | 该品牌是具有吸引力的品牌 | |

(3) 品牌忠诚的测量

品牌忠诚指的是消费者对于某品牌的信赖程度，是否会重复购买该品牌，对于社群来说，指的就是是否会再次参加社群活动。对于品牌忠诚尽管有许多多元化的测量方法，但是许多学者的研究也支持了对于品牌忠诚的单维度的测量（Lemon et al.，2002；Mittal et al.，1998；Rossiter，2002）。因此本研究采用单维度的品牌忠诚测量方法，如表 5-8 所示。

**表 5-8　品牌忠诚测量量表**

| 变量名 | 编号 | 测　量　题　项 | 参考来源 |
| --- | --- | --- | --- |
| 品牌忠诚 | SQZC | 目前，我不会退出该品牌社群 | Algesheimer et al. (2005) |

(4) 社群活力的测量

品牌社群活力就是指品牌社群的利益相关者在品牌社群基础之上所表现出的强联系，以及品牌社群的成熟度的表现。作为社群价值的重要组成部分，本研究认为社群活力主要包括了社群活动的频繁程度、发布信息的有用性以及是否总是有机会结识新成员，是否经常有新成员加入等几个方面，结合以往学者们的研究成果以及其操作性定义，提出了社群活力的测量量表，如表 5-9 所示。

表 5-9 社群活力测量量表

| 变量名 | 编号 | 测量题项 | 参考来源 |
| --- | --- | --- | --- |
| 社群活力 | SQHL1 | 每次参与该品牌社群活动，我都有机会结识新成员 | 本研究 |
| | SQHL2 | 企业经常会通过该品牌社群发布有用的信息 | |
| | SQHL3 | 该品牌社群的活动很频繁 | |

## 5.1.4 企业介入度调节项的测量

品牌社群互动中，当消费者对产品的创新和购买建议，足以影响企业营销策略和消费者的购买决策时，企业就有了加入品牌社群的动机。企业介入度指的就是企业参与品牌社群的程度。本研究结合以往学者们的研究成果以及其操作性定义，提出了企业介入度的测量量表，如表 5-10 所示。

表 5-10 企业介入度测量量表

| 变量名 | 编号 | 测量题项 | 参考来源 |
| --- | --- | --- | --- |
| 企业介入度 | QYJR1 | 我参与该品牌社群活动中，所获得的奖励主要由企业提供 | 本研究 |
| | QYJR2 | 我和其他品牌社群成员间的互动主要围绕该品牌与其产品 | |
| | QYJR3 | 该品牌社群的活动主要由企业发起 | |
| | QYJR4 | 我与其他社群成员私下联系较少 | |

## 5.1.5 控制变量

（1）性别

大量的实证研究中都把性别作为重要的控制变量，以更好地找出自变量对因变量的影响机制和影响路径。品牌社群感知对于社群价值的影响研究也需要将性别作为控制变量加以控制，是因为与不同性别的品牌社群参与者在参加社群活动时其兴趣、特征、诉求和预期存在着不同程度的差异，因此，想要准确地掌握性别对品牌社群感知、消费者参与程度以及品牌社群价值的影响，需要将其作为控制变量。

（2）年龄

大量的研究证明，年龄是影响品牌社群参与行为的重要因素。对于品牌社群参与者来说，年龄太大或者太小可能无法融入品牌社群之中。不同年龄段的参与者对于社群的看待有所不同，年龄大的参与者可能有着大量的时间去参加活动，选择参与方式；而年轻的消费者可能因上班无暇去参加，无法留出充足的时间来参与品牌社群活动。因此，本研究把年龄作为控制变量。

（3）学历

学历对人们的社群参与有着重要影响。受教育程度高的参与者，可能会对品牌社群有较多的涉猎，关注程度也会较高；受教育程度低的消费者，有着不知道品牌社群的可能或者不够了解的情形。不同受教育程度的参与者对于社群感知和价值感知存在差异。因此，本研究把学历作为控制变量。

（4）月收入水平

在进行品牌社群的研究中，由于社群参与者月收入水平是对他们的限制，所以学者们都倾向于把消费者的每月可支配收入作为控制变量。年轻人是参与品牌社群的主力军，学生是其中一个重要的群体。对于学生来说，他们基本上没有正式收入，但是随着社会经济的发展，家长们对学生的投资力度加大，学生们的可支配生活费不断提高，学生们追求品牌的能力不断提升。因此，本研究把月可支配生活费作为重要的控制变量。

（5）加入品牌社群的时间

加入品牌社群的时间对社群参与者的感知和认知存在不同程度的影响。加入品牌社群时间较长的参与者可能对品牌社群的了解比较多，也比较深入。相反，加入时间较短的参与者对品牌社群的了解相对较少。因此，本研究把加入品牌社群的时间作为控制变量。

# 5.2 问卷调查方法

## 5.2.1 问卷结构与数据量化形式

问卷调查方法是社会科学研究领域用于收集数据信息的常用方法之一。通常是根据研究的主题设置一定的调查目的，设计较为严格的问卷，通过向被调查对象发放问卷，请其对问卷所提出的测量内容表达自己的真实看法，从而获得一手数据资料。随着社会科学研究方法体系的不断完善，实证研究和定量研究逐渐普及，问卷调查方法已经成为社会科学研究领域的核心方法之一。

问卷调查法在应用过程中应注意其适用范围，首先是以个体作为研究对象；二是适合样本总体数量太大，无法直接观察的情况；三是主要用来测量受访者的态度。因此，本书提出的品牌社群感知对品牌社群价值的影响机理研究适合采用问卷调查方法，通过问卷收集数据，用来观测品牌社群感知对消费者参与以及品牌社群价值的影响关系。

具体来说，本研究设计提出的调查问卷主要有三个部分组成。第一部分是问卷介绍，第二部分是问卷正文，第三部分是个人信息。问卷开始介绍了此次问卷调查的研究目的，并对品牌社群和品牌社群活动加以解释，用以帮助消费者更好地理解本问卷。问卷正文分为两个主要部分，分别对应本书的主要变量。其中，第一部分是品牌社群感知与参与问卷部分，第二部分是企业介入程度与社群价值问卷部分。最后的个人信息调查主要涉及受访者个人的年龄、性别、学历、月收入和加入品牌社群的时间等基本信息。

在数据量化形式上，问卷正文同样采用了五级李克特量表（Likert Scale），通过受访者自评方式收集信息，从“1”到“5”分别表示完全不同意、不同意、中立、同意、完全同意。受访者据此对问卷中提出的测量内容自行进行判断和回答。

### 5.2.2 问卷前测

为了保证问卷内容能够有效真实地反映各个变量内容，在正式地大量发放问卷和数据收集之前，对问卷进行前测是十分必要的，这也是有效提高问卷信度和效度的途径之一。

2014 年 8 月份，本研究在山东省济南市和江苏省苏州市选择了 150 名被测者，其中包括大学生群体、高校教师、企事业单位人员等，主要通过纸质问卷、网页问卷和电子邮件向被测者发放了问卷，其中回收有效卷 101 份。利用 92 份有效问卷，通过因子分析来确定量表的基本构成和结构，通过信度分析对问卷进行进一步的精简，提升各变量的测量信度。因品牌忠诚只有一项测量题项，不符合因子分析的标准，故将品牌忠诚概念这一测量剔除。遵循因子分析的基本原则和信度测量的标准，问卷前测结果表明，小规模测试和访谈后的修正问卷通过了信度检验，各变量与测量题项之间的关系显著。

修正后的调查问卷中，各变量在测量题项上的载荷值如表 5-11 所示。

**表 5-11　修正问卷中各变量、测量问项与因子载荷**

| 变量名 | 测量题项编号 | 因子载荷 |
|---|---|---|
| 社群认同 | SQRT1 | 0.881 |
| | SQRT2 | 0.786 |
| | SQRT3 | 0.834 |
| | SQRT4 | 0.775 |
| | SQRT5 | 0.688 |
| 社群满意度 | SQMY1 | 0.815 |
| | SQMY2 | 0.741 |
| | SQMY3 | 0.751 |

续表

| 变量名 | 测量题项编号 | 因子载荷 |
|---|---|---|
| 社群影响度 | SQYX1 | 0.794 |
| | SQYX2 | 0.952 |
| | SQYX3 | 0.822 |
| 消费者之间互动程度 | XFHD1 | 0.758 |
| | XFHD2 | 0.804 |
| | XFHD3 | 0.681 |
| 消费者与企业互动程度 | QYHD1 | 0.850 |
| | QYHD2 | 0.805 |
| | QYHD3 | 0.835 |
| 口碑 | KB1 | 0.680 |
| | KB2 | 0.656 |
| | KB3 | 0.637 |
| 品牌形象 | PPXX1 | 0.698 |
| | PPXX2 | 0.636 |
| | PPXX3 | 0.902 |
| | PPXX4 | 0.899 |
| 社群活力 | SQHL1 | 0.900 |
| | SQHL2 | 0.971 |
| | SQHL3 | 0.709 |
| 企业介入度 | QYJR1 | 0.779 |
| | QYJR2 | 0.784 |
| | QYJR3 | 0.700 |
| | QYJR4 | 0.676 |

问卷前测过程中各变量的信度检验结果如表 5-12 所示。

**表 5-12 问卷前测过程中各变量的信度检验**

| 变量名称 | 题项数 | Cronbach Alpha 系数 |
|---|---|---|
| 社群认同 | 5 | 0.893 |
| 社群满意度 | 3 | 0.816 |
| 社群影响度 | 3 | 0.891 |
| 消费者之间互动程度 | 3 | 0.786 |

续表

| 变量名称 | 题项数 | Cronbach Alpha 系数 |
|---|---|---|
| 消费者与企业互动程度 | 3 | 0.869 |
| 口碑 | 3 | 0.797 |
| 品牌形象 | 4 | 0.859 |
| 社群活力 | 3 | 0.889 |
| 企业介入度 | 4 | 0.824 |

### 5.2.3 最终问卷

根据对初始问卷的小规模测试和访谈结果进行修正，并对修正后的问卷进行问卷前测，更正了问卷中含糊不清的表述，调整了各测量项的内容，问卷具有较好的测量信度，在发放调查问卷之间，对每个测量项的语句进行反复地修改和斟酌，做到用词精确，语句意思表达明确，防止答卷者答题过程中感到迷惑。题项设置避免使用诱导性的问题或者获取预期答案的行为。并且在量表中使用测谎项，以保证获取精确的数据信息，确定并形成了下一步正式调研的最终问卷。

最终问卷详见附录。

## 5.3 样本选择与数据收集

### 5.3.1 样本选择范围与样本规模

在正式调研大规模发放问卷之前，首先要选择调查对象，并确定样本的数量规模。在样本选择上，本项研究参考我国互联网网络信息中心的统计报告资料，选择的调查对象年龄分布在 20—50 岁之间。资料统计显示，我国网民在这个年龄范围内的人数占到了 60% 以上。

同时，也考虑到虚拟社区社群感知、消费者参与以及社群价值的部分，问项需要被调查者具备一定的知识水平。20 岁以上人群一般会有一定的社会阅历，心智比较成熟，对调研中相关的概念含义均能够正常的理解，不会出现对问卷内容的错误理解，能够对自己的价值认知有正确的认识。而在 50 岁年龄的人群其对虚拟社群的认识程度有限，对虚拟社群中许多内容的熟悉和了解略有欠缺，可能存在理解上的错误。

本项研究限于研究者自身社会资源等条件的限制，在样本选择中也采取了便利的原则。因此在此次调研中，选择的一部分调研对象是高校教师和大学生群体。国内外许多学者对虚拟社群的相关研究中也经常选择学生群体作为调研对象，并且大学生群体是虚拟社群中非常活跃的一部分成员，他们年轻、有知识，善于表现自己，乐于接受一些新鲜事物，对事物有自己的想法和看法。因此，样本的选择以高校教师和大学生群体为主，并有一部分企事业单位人员和在网络交往中结识的一些朋友作为调研对象，样本的选择具有一定的代表性。

样本数量规模的确定方面，由于本项研究后期的数据分析采用的是结构方程模型工具，并且采用最大似然法进行参数估计来进行运算，因此样本数目不宜过小。国内外许多学者基本认同如果采用最大似然法来估计参数，那么样本的数目至少应该在 100 以上，最好是 150 以上。但是样本数目过大，也会导致模型的各个指标很差。Bentler 和 Chou（1987）认为，研究的变量如果符合正态分布或椭圆分布，则每个观察变量 5 个样本就足够了，如果是其他分布，则每个变量最好有 10 个样本以上（黄芳铭，2004）。Mueller（1997）认为在单纯的 SEM 分析中，其样本大小的标准至少在 100 以上，150 以上更佳，如果从模型观测变量的数目来分析样本人数，则样本数与观测变量数的比例应在5:1 至 10:1 之间。参考以上学者们的观点，本项研究共收集了有效样本 176 个，达到了结构方程模型分析方法对样本数目的要求。

### 5.3.2 问卷发放与数据收集

本研究从问卷的正式发放到数据收集共历时近3个月的时间，自2014年9月下旬开始，到2014年12月中旬结束。

问卷主要采用纸质问卷、网页问卷、电子邮件和访谈方式进行发放。首先是向山东省高校在读的高年级本科生、研究生和高校教师群体发放了纸质问卷，其中很多被调查者是研究者的学生和同学，因此回收率较高；通过电子邮件方式向周围的朋友发放问卷；通过邀请网络上的好友及其朋友登录并填写问卷星网页问卷；通过电话访谈和实地走访方式，对部分企事业单位管理人员进行调研。

总计发放问卷300份，回收到问卷195份，经过筛选处理，共回收到有效问卷171份，总的有效问卷回收率为57%，从样本数来看，达到了结构方程模型分析对样本数量的要求。

## 5.4 本章小结

本章内容主要是针对研究涉及变量进行测量项目的分析整理、问卷调查的设计、样本的选取与数据收集。

通过文献分析，结合本研究对品牌社群的研究，本书确定了社群感知维度（社群认同、社群满意度和社群影响度）的测量项目；消费者参与维度（消费者之间互动程度和消费者与企业互动程度）的测量项目；社群价值维度（口碑、品牌形象和社群活力）的测量项目；企业介入度的测量项目。通过对调查问卷的修正和问卷前测，较好地检验了问卷的有效性和可信度，最终形成正式问卷。在此基础上，对调查问卷进行科学合理地设计，然后用纸质问卷、网页问卷、电子邮件和访谈方式进行问卷调查，并将收集的数据进行初步的整理。

# 第六章
# 实证分析

# 6.1 实证研究方法选取

## 6.1.1 模型选择

结构方程模型也是在社会科学领域内广泛应用的一种新型数据分析方法。该分析工具的特点是适合处理多个变量和因变量之间的关系，能够解决在研究中一些不能直接观测的隐变量问题，因此能够替代多元回归分析、协方差分析、因子分析和路径分析等。

结构方程模型数据分析的基本原理是通过对模型中各个变量的相关系数矩阵和协方差矩阵进行分析来描述变量之间的关系。与回归分析不同，结构方程模型不仅可以分析多个因变量问题，并且能够通过路径分析、因子分析等方法来验证概念模型和理想模型的拟合性，检验模型的稳定性。

结构方程模型统计分析基本步骤具体包括：

（1）模型建构。这一阶段要建立初始理论模型，指定各个观测变量与潜变量之间的关系，确定各个潜变量之间的相互关系。

（2）模型拟合。主要是对模型参数的估计，首先确定模型能否得出参数估计的唯一解，得通过使用最大似然法等方法来估计模型参数。

（3）模型评价。主要是对结构方程的解是否恰当做出判断，估计是否收敛，各个参数的估计值是否在合理的范围之内；并通过绝对拟合指数、相对拟合指数和卡方值等指标来检视多个不同模型整体的适配度。

（4）模型修正。可以根据理论和相关假设，结合实际的讨论，通过增加或删减变量间的关系路径或测量项目、变量等，参照修正指数对模型做出修改，得到拟合最优的模型，同时要检视各个路径的参数，估计其理论上是否合理并具有实际意义。

### 6.1.2 建模工具

目前能够实现结构方程模型的工具主要有 LISREL 和 AMOS，本研究中采用 AMOS 22.0 软件实现研究中所提出的模型的验证过程。

在品牌社群感知对社群价值影响机理的研究中，本书对收集的数据资料主要运用 SPSS 统计分析软件来进行描述性统计分析、信度和效度检验；通过结构方程模型 AMOS 软件来验证研究中提出的概念模型拟合性、各个变量间的路径关系和所提出的相关假设。

SPSS 是目前被广泛应用于自然科学和社会科学领域的一种统计分析工具，可以直接读取和接受电子表格和 DBF 等数据文件，主要用于对样本数据的描述性统计、相关分析、回归分析以及各种线性模型分析等。

### 6.1.3 检验指标

模型的拟合性是结构方程模型分析的本质核心和关键，这一过程是对研究中基于理论框架提出的变量间关系与实际获得的数据拟合程度的检验。结构方程模型运算完毕后，得到的各个模型参数，如果能够使得理论上的方差协方差矩阵与样本的方差协方差矩阵之间的差异性最小、各项残差较小，则所得到的估计参数和模型具有较好的拟合性，同时说明所提出的理论模型其有较好的结构效度。反之，如果拟合性不好，表明模型与实际调研的数据存在较大差异，此时应该考虑对模型进行调整，并重复这一过程。

Amos 结构方程模型分析在模型运算后会报告模型的绝对拟合指数和相关拟合指数等指标。这些指标反映了理论结构模型与调查数据的拟合性。一般来说，常用的结构方程模型拟合指数有卡方值、RMSEA、GFI、TLI、CFI 和 SRAR 等，各个指标的参考标准如表 6-1 所示。

**表 6-1　结构方程模型拟合指数表**

| 指数类型 | 指数名称 | 评价标准 |
|---|---|---|
| 绝对拟合指数 | $\chi^2/df$ | 小于 5 |
| | GFI | 大于 0.9 |
| | AGFI | 大于 0.9 |
| | RMR | 小于 0.08,越小越好 |
| | SRMR | 小于 0.08,越小越好 |
| | RMSEA | 小于 0.08,越小越好 |
| 相对拟合指数 | NFI | 大于 0.9,越接近 1 越好 |
| | CFI | 大于 0.9,越接近 1 越好 |
| 信息指数 | AIC | 越小越好 |
| | CAIC | 越小越好 |

需要指出的是，在实际应用过程中，多个预选模型之间进行比较时，不能单纯依靠模型拟合指数的表现来判断，更需要从理论和实践的角度去分析模型中所涉及变量间关系的合理性。

## 6.2　调查数据质量分析

### 6.2.1　数据描述性统计

通过描述性统计分析中的均值、百分比和标准差等指标来反映样本的人口统计特征和变量数据的基本情况，有助于从整体上对样本数据的结构进行认识和把握。本项研究中对样本数据的描述性统计主要包括两个方面内容，一方面是对被调查者的个人基本资料进行统计，如性别分布、年龄分布、学历和每月的基本收入情况，另一方面是对模型中的各个观测变量的描述性统计分析。

#### 6.2.1.1 控制变量描述性统计

（1）样本成员的性别分布

如表6-2所示，本研究共收到有效样本171份，男性样本90份，女性样本81份，性别比例基本上持平。

**表6-2 样本成员性别分布**

| | 频率 | 百分比 | 有效百分比 | 累计百分比 |
|---|---|---|---|---|
| 男性 | 90 | 52.6 | 52.6 | 52.6 |
| 女性 | 81 | 47.4 | 47.4 | 100.0 |
| 总计 | 171 | 100.0 | 100.0 | |

资料来源：本研究。

（2）样本成员的年龄分布

从被调查者的年龄分布来看，20岁以下的有23人，21—30岁的有98人，31—40岁的人有36人，40岁以上的人有14人。20—30岁这个年龄段的样本成员占总人数的57.3%，是品牌社群的主力军，而40岁以上的被调查者比较少，详见表6-3。

**表6-3 样本成员的年龄分布**

| | 频率 | 百分比 | 有效百分比 | 累计百分比 |
|---|---|---|---|---|
| ≤20岁 | 23 | 13.5 | 13.5 | 13.5 |
| 21—30岁 | 98 | 57.3 | 57.3 | 70.8 |
| 31—40岁 | 36 | 21.1 | 21.1 | 91.9 |
| >40岁 | 14 | 8.1 | 8.1 | 100.0 |
| 总计 | 171 | 100.0 | 100.0 | |

资料来源：本研究。

（3）样本成员的受教育程度分布

从样本成员的受教育程度分布情况看，大专及以下的有11人，本科学历的有68人，硕士研究生学历的有84人，博士研究生学历的有19人。本科及以上学历的人数占总人数的93.6%，见表6-4。

**表6-4　样本成员的受教育程度分布**

| | 频率 | 百分比 | 有效百分比 | 累计百分比 |
|---|---|---|---|---|
| 大专及以下 | 11 | 6.4 | 6.4 | 6.4 |
| 本科 | 68 | 39.8 | 39.8 | 46.2 |
| 硕士 | 84 | 49.1 | 49.1 | 95.3 |
| 博士 | 19 | 4.7 | 4.7 | 100.0 |
| 总计 | 171 | 100.0 | 100.0 | |

资料来源：本研究。

（4）样本成员的月收入

从样本成员的月收入上看，月收入在1 000元以下的有67人，在1 000—3 999元的有43人，在4 000—7 999元的有13人，在8 000元以上的有10人。参与调查的人数中以中低收入者居多，见表6-5。

**表6-5　样本成员的月收入分布**

| | 频率 | 百分比 | 有效百分比 | 累计百分比 |
|---|---|---|---|---|
| 1 000元以下 | 67 | 39.1 | 39.1 | 39.1 |
| 1 000—3 999元 | 81 | 47.4 | 47.4 | 86.5 |
| 4 000—7 999元 | 13 | 7.6 | 7.6 | 94.1 |
| 8 000元以上 | 10 | 3.1 | 3.1 | 100.0 |
| 总计 | 171 | 100.0 | 100.0 | |

资料来源：本研究。

（5）样本成员加入品牌社群的时间

从样本成员加入品牌社群的时间上看，加入时间在6个月以下的有46人，在6个月—1年的有35人，在1—2年的有77人，在2年以上的有13人。参与调查的样本以短期加入品牌社群者居多，见表6-6。

表 6-6 样本成员加入品牌社群时间分布

| | 频率 | 百分比 | 有效百分比 | 累计百分比 |
|---|---|---|---|---|
| 6 个月以下 | 46 | 26.9 | 26.9 | 26.9 |
| 6 个月—1 年 | 35 | 20.5 | 20.5 | 47.4 |
| 1—2 年 | 77 | 45.0 | 45.0 | 92.4 |
| 2 年以上 | 13 | 7.6 | 7.6 | 100.0 |
| 总计 | 171 | 100.0 | 100.0 | |

资料来源：本研究。

#### 6.2.1.2 主要变量的描述性统计

目前，为了对某一概念进行深入剖析，理解其更深层次的意义，很多国内外学者把概念的计量尺度分为几个维度，然后再用每个维度的测项评分之和或是均值作为相应概念的计量指标。汪纯孝等（2003）认为如果直接使用各个题项的评分作为隐变量的指标，结构方程模型中待估计参数的数量可能会较多，而使用维度的计量尺度来计算评分可以减少结构方程中待估计参数的数量，从而可以提高计量指标的信度和效度，增加参数估计的稳定性。

使用计量统计软件 SPSS22.0 版本，计算得出 31 个计量指标的均值和标准差，偏度和峰度等指标，见表 6-7。

表 6-7 计量指标的描述性统计

| 题项 | 平均值 | 标准偏差 | 变异数 | 偏度 | 峰度 |
|---|---|---|---|---|---|
| SQRT1 | 3.56 | 0.834 | 0.695 | -0.320 | 0.149 |
| SQRT2 | 3.43 | 0.927 | 0.859 | -0.250 | -0.527 |
| SQRT3 | 3.54 | 0.941 | 0.885 | -0.557 | -0.029 |
| SQRT4 | 3.53 | 0.870 | 0.756 | -0.724 | 0.474 |
| SQRT5 | 3.85 | 0.817 | 0.667 | -0.905 | 1.305 |
| SQMY1 | 3.99 | 0.815 | 0.665 | -0.846 | 1.294 |
| SQMY2 | 4.04 | 0.792 | 0.628 | -0.791 | 0.979 |
| SQMY3 | 3.94 | 0.855 | 0.731 | -0.619 | 0.197 |
| SQYX1 | 3.49 | 0.890 | 0.792 | 0.095 | -0.713 |

续表

| 题项 | 平均值 | 标准偏差 | 变异数 | 偏度 | 峰度 |
|---|---|---|---|---|---|
| SQYX2 | 3.61 | 0.850 | 0.722 | -0.256 | -0.220 |
| SQYX3 | 3.48 | 0.821 | 0.675 | -0.127 | 0.126 |
| XFHD1 | 3.87 | 0.743 | 0.552 | -0.648 | 1.074 |
| XFHD2 | 3.68 | 0.749 | 0.561 | -0.161 | -0.235 |
| XFHD3 | 3.35 | 0.857 | 0.735 | -0.235 | 0.218 |
| QYHD1 | 3.84 | 0.731 | 0.534 | -0.662 | 1.180 |
| QYHD2 | 4.02 | 0.703 | 0.494 | -0.650 | 0.930 |
| QYHD3 | 3.92 | 0.755 | 0.570 | -0.361 | 0.355 |
| KB1 | 3.82 | 0.700 | 0.490 | -0.358 | 0.224 |
| KB2 | 3.74 | 0.851 | 0.724 | -0.798 | 0.662 |
| KB3 | 3.60 | 0.801 | 0.642 | -0.042 | -0.453 |
| PPXX1 | 4.02 | 0.778 | 0.606 | -1.091 | 2.743 |
| PPXX2 | 4.08 | 0.767 | 0.588 | -1.080 | 2.482 |
| PPXX3 | 3.95 | 0.814 | 0.662 | -0.964 | 1.575 |
| PPXX4 | 3.87 | 0.804 | 0.647 | -0.713 | 1.080 |
| SQHL1 | 3.81 | 1.139 | 1.298 | -0.773 | -0.083 |
| SQHL2 | 3.43 | 1.376 | 1.893 | -0.408 | -1.095 |
| SQHL3 | 3.04 | 1.564 | 2.446 | -0.115 | -1.547 |
| QYJR1 | 3.54 | 0.869 | 0.755 | -0.109 | -0.637 |
| QYJR2 | 3.57 | 0.853 | 0.728 | -0.317 | -0.236 |
| QYJR3 | 3.73 | 0.726 | 0.527 | -0.192 | -0.140 |
| QYJR4 | 3.46 | 0.862 | 0.744 | -0.587 | 0.562 |

资料来源：本研究。

### 6.2.2 数据正态性检验

Kline（1998）指出，样本数据的分布呈正态分布是使用结构方程模型的前提。一般情况下，使用 SPSS 统计软件通过计算样本数据的偏度和峰度系数来判断样本是否呈正态分布。当偏度系数的绝对值小于 3，峰度系数的绝对值小于 8，一般认为样本数据基本呈正态分布，否则必须加以处理。本研究使用统计软件 SPSS22.0 版本对所有的测量变量进行偏度和峰度分析，结果表明，偏度的绝对值最大值为 1.091，小于 3；峰度系数的绝对值最大值为 2.743，远小于 8。通过数据结果可以看出，每一个测量的偏度和峰度系数均符合正态分布的条件，这说明调研所得的数据呈正态分布，见表 6-8。

**表 6-8 题项的描述性统计**

| 题项 | 最小值 | 最大值 | 平均值 | 偏度 | 峰度 |
|---|---|---|---|---|---|
| SQRT1 | 1 | 5 | 3.56 | -0.320 | 0.149 |
| SQRT2 | 1 | 5 | 3.43 | -0.250 | -0.527 |
| SQRT3 | 1 | 5 | 3.54 | -0.557 | -0.029 |
| SQRT4 | 1 | 5 | 3.53 | -0.724 | 0.474 |
| SQRT5 | 1 | 5 | 3.85 | -0.905 | 1.305 |
| SQMY1 | 1 | 5 | 3.99 | -0.846 | 1.294 |
| SQMY2 | 1 | 5 | 4.04 | -0.791 | 0.979 |
| SQMY3 | 1 | 5 | 3.94 | -0.619 | 0.197 |
| SQYX1 | 2 | 5 | 3.49 | 0.095 | -0.713 |
| SQYX2 | 1 | 5 | 3.61 | -0.256 | -0.220 |
| SQYX3 | 1 | 5 | 3.48 | -0.127 | 0.126 |
| XFHD1 | 1 | 5 | 3.87 | -0.648 | 1.074 |
| XFHD2 | 2 | 5 | 3.68 | -0.161 | -0.235 |
| XFHD3 | 1 | 5 | 3.35 | -0.235 | 0.218 |
| QYHD1 | 1 | 5 | 3.84 | -0.662 | 1.180 |
| QYHD2 | 2 | 5 | 4.02 | -0.650 | 0.930 |
| QYHD3 | 1 | 5 | 3.92 | -0.361 | 0.355 |
| KB1 | 2 | 5 | 3.82 | -0.358 | 0.224 |
| KB2 | 1 | 5 | 3.74 | -0.798 | 0.662 |
| KB3 | 2 | 5 | 3.60 | -0.042 | -0.453 |
| PPXX1 | 1 | 5 | 4.02 | -1.091 | 2.743 |
| PPXX2 | 1 | 5 | 4.08 | -1.080 | 2.482 |
| PPXX3 | 1 | 5 | 3.95 | -0.964 | 1.575 |
| PPXX4 | 1 | 5 | 3.87 | -0.713 | 1.080 |
| SQHL1 | 1 | 5 | 3.81 | -0.773 | -0.083 |
| SQHL2 | 1 | 5 | 3.43 | -0.408 | -1.095 |

续表

| 题项 | 最小值 | 最大值 | 平均值 | 偏度 | 峰度 |
| --- | --- | --- | --- | --- | --- |
| SQHL3 | 1 | 5 | 3.04 | -0.115 | -1.547 |
| QYJR1 | 2 | 5 | 3.54 | -0.109 | -0.637 |
| QYJR2 | 1 | 5 | 3.57 | -0.317 | -0.236 |
| QYJR3 | 2 | 5 | 3.73 | -0.192 | -0.140 |
| QYJR4 | 1 | 5 | 3.46 | -0.587 | 0.562 |

注：$N=171$，在测量工具题项代码中，SQRT 表示社群认同，SQMY 表示社群满意度，SQYX 表示社群影响度，XFHD 表示消费者之间互动程度，QYHD 表示消费者与企业互动程度，KB 表示口碑，PPXX 表示品牌形象，SQHL 表示社群活力，QYJR 表示企业介入度。变量后的数字表示该变量的计量指标，下同。

资料来源：本研究。

### 6.2.3 信度检验

信度是指一组测量题项是否在测量同一个概念，其主要目的在于测量数据结果的稳定性或一致性程度。一致性是指量表的内部测项之间是否测量了相同的内容或特质，稳定性则是对被调查者在不同时间点重复测试所得的可靠性系数。本研究问卷收集工作是在一个时间段内完成，进行一次收集和整理，并没有进行多个时间段的重复测试，所以主要采用 Cronbach's alpha 系数法来进行信度分析。Hair 等（1998）认为 Cronbach's alpha 系数大于 0.7，表明样本数据信度较高；当计量尺度中题项数量小于 6 个时，Cronbach's alpha 系数大于 0.6，则可以说明表明数据是具有较高的信度。Cronbach's alpha 系数的大小与信度的高低关系参见表 6-9。

**表 6-9　Cronbach's alpha 系数和可信度高低的关系**

| Cronbach's alpha 系数 | 可信度 |
| --- | --- |
| >0.9 | 非常理想(信度非常好) |
| 0.8—0.9 | 理想(甚佳,信度很好) |
| 0.7—0.8 | 佳 |

续表

| Cronbach's alpha 系数 | 可信度 |
|---|---|
| 0.6—0.7 | 尚佳 |
| 0.6 以下 | 不理想，舍弃 |

资料来源：本研究。

本项研究中，通过 SPSS22.0 软件对问卷中各个变量量表的信度进行检验，除口碑外，所有变量的 Cronbach's alpha 系数均超过 0.7，且量表的总体的 Cronbach's alpha 系数为 0.927，表明本研究设计的问卷具有很高的信度。结果如表 6-10 所示。

**表 6-10 变量量表信度检验**

| 变量名称 | 题项数 | Cronbach's alpha 系数 |
|---|---|---|
| 社群认同 | 5 | 0.879 |
| 社群满意度 | 3 | 0.815 |
| 社群影响度 | 3 | 0.866 |
| 消费者之间互动程度 | 3 | 0.782 |
| 消费者与企业互动程度 | 3 | 0.846 |
| 口碑 | 3 | 0.692 |
| 品牌形象 | 4 | 0.836 |
| 社群活力 | 3 | 0.862 |
| 企业介入度 | 4 | 0.822 |
| 量表总体 | 31 | 0.927 |

资料来源：本研究。

### 6.2.4 效度检验

效度是指测量量表能够正确反映变量的特质的程度（Carmines & Zeller, 1979）。由于信度是效度的必要不充分条件，所以对变量和计量指标进行信度分析之后，还需要对其效度进行检验。在诸多效度中最常使用的是内容效度和结构效度。

（1）内容效度的检验

内容效度是指对量表内容所测量的变量所表达的优劣程度的表现，内容效度是主观性的指标。量表如果具有较好的内容效度，意味着变量的所有内容都应该在量表题项中体现出来，也意味着题项应该包含这一变量的所有含义。对内容效度的分析一般采取逻辑分析的方法。一般是请该领域的专家和学者通过理解和分析评选所用题项是否能够真实合理地测量变量的特质。本研究在文献梳理、分析和研究的基础上，通过小组访谈之后认真地修改完成此量表，并且本量表根据预测试的结果对各个题项进行了调整，删除了某些表达不清或测量不准的题项，所有题项的数据均符合标准，因此本研究的量表设计具有较好的内容效度。

（2）结构效度的检验

结构效度是指量表反映各个变量之间关系的能力。结构效度一般通过会聚效度和区别效度表示。会聚效度是指同一种测评维度在不同题项之间聚合的程度，主要用来考察题项与测量变量之间的紧密程度，其紧密程度越高意味着调查问卷设计得越合理。区别效度是指当一个变量的多个题项表现出聚合性之后，这些题项与其相对立变量的题项之间存在负向相关或弱相关的程度，程度越低，区别效度越高，问卷质量越好。

本研究使用 Pearson 检验来检测变量间的相关性或差异性。使用 SPSS22.0 对变量两两做 Pearson 相关分析，具体见表 6-11。

Fornell 和 Lareker（1981）研究指出，问卷的会聚效度和区分效度是否达到研究的预期可以用每个潜变量的平均变异数抽取量（AVE，Average Variance Extracted）来代表。如果 AVE 的绝对值大于 0.5 并且其平方根在数值上要大于各个变量间的相关系数，则可以判定问卷具有会聚效度和区分效度。反之，则不可以。本研究使用 AMOS17.0 软件构建结构方程模型，计算每个计量指标的因子载荷，进而计算每个潜变量的 AVE 值，见表 6-11。

表 6-11 各变量间相关系数与 AVE 值

| 变量 | 1 | 2 | 3 | 4 | 5 | 6 | 7 | 8 | 9 |
|---|---|---|---|---|---|---|---|---|---|
| 1. SQRT | 1 | | | | | | | | |
| 2. SQMY | 0.58** | 1 | | | | | | | |
| 3. SQYX | 0.49** | 0.62** | 1 | | | | | | |
| 4. XFHD | 0.50** | 0.42** | 0.34** | 1 | | | | | |
| 5. QYHD | 0.59** | 0.70** | 0.52** | 0.45** | 1 | | | | |
| 6. KB | 0.67** | 0.59** | 0.49** | 0.54** | 0.68** | 1 | | | |
| 7. PPXX | 0.54** | 0.69** | 0.51** | 0.42** | 0.69** | 0.59** | 1 | | |
| 8. SQHL | 0.01 | −0.05 | 0.03 | −0.03 | 0.01 | 0.07 | 0.00 | 1 | |
| 9. QYJR | 0.55** | 0.56** | 0.56** | 0.52** | 0.57** | 0.67** | 0.50** | 0.66** | 1 |
| SQRT (AVE) | 0.77 | 0.78 | 0.82 | 0.74 | 0.81 | 0.76 | 0.66 | 0.73 | 0.73 |
| 组合信度 | 0.88 | 0.81 | 0.86 | 0.78 | 0.85 | 0.84 | 0.71 | 0.77 | 0.82 |
| 平均值 | 3.58 | 3.99 | 3.52 | 3.63 | 3.93 | 3.72 | 3.98 | 3.42 | 3.58 |
| 标准差 | 0.72 | 0.70 | 0.76 | 0.65 | 0.64 | 0.62 | 0.65 | 1.21 | 0.67 |

注：$N = 171$，** $p < 0.01$，* $p < 0.05$，SQRT（AVE）表示 AVE 值的开方。

从表 34 可以看出，每个潜变量上的 AVE 值开方都大于 0.7 的标准，均大于其相关系数值，且其 CR 组合信度均大于 0.7 的标准，这表明，本研究中问卷具有较高的会聚效度和区分效度。

## 6.3 模型构建与拟合检验

本研究首先在对各变量进行编码的基础上，通过 Amos22.0 绘制并建立初始结构方程模型，然后将调研原始数据导入 Amos22.0，并选用极大似然估计法（Maximum Likelihood Estimation）进行模型运算。由于非标准化系数与观测的各个变量的测量尺度单位有关，从而不利于各变量间路径系数以及变量与测项间的负荷系数的比较，因此，在模型运算过程中要加入标准化处理步骤。

### 6.3.1 模型构建

根据本研究中品牌社群感知对社群价值影响的主体部分（去除企业介入度的调节效应分析）的理论分析框架，在 Amos22.0 中建立假设初始理论模型，具体如图 6-1 所示。

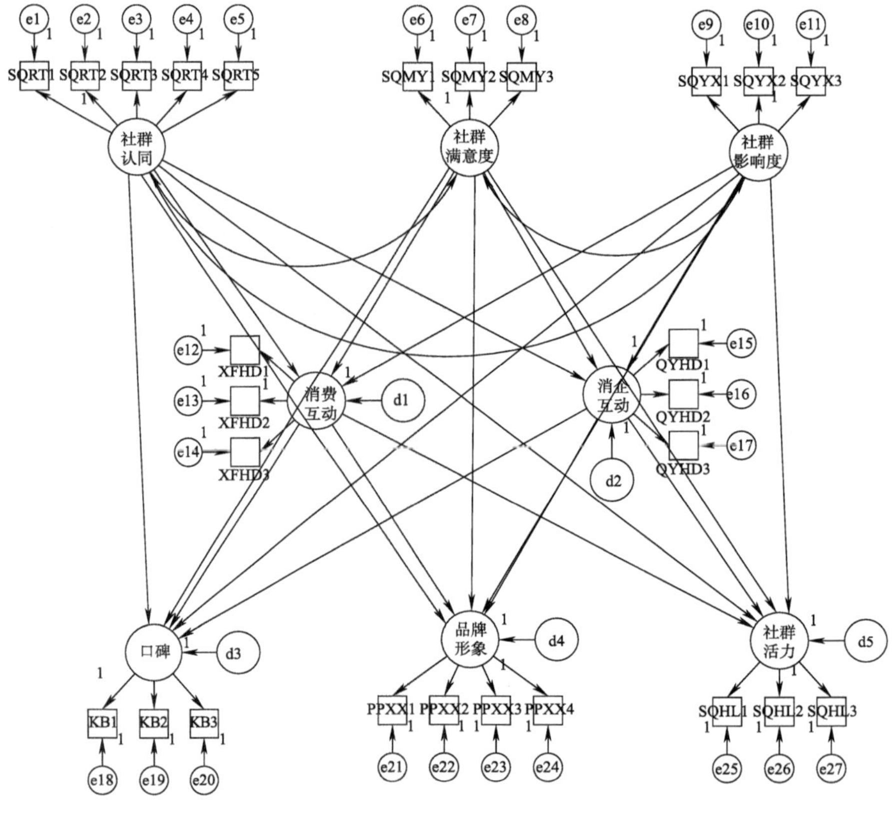


图 6-1 假设初始理论模型

### 6.3.2 模型拟合检验

本研究对前面建立的初始模型选用最大似然估计进行运算后，得到的模型拟合指数如表 6-12 所示。

**表 6-12 结构方程模型拟合指数**

| 指数名称 | 指数值 |
|---|---|
| CMIN | 501.166 |
| DF | 300 |
| CMIN/DF | 1.671 |
| P | 0 |
| NFI | 0.95 |
| IFI | 0.93 |
| CFI | 0.93 |
| RMSEA | 0.058 |
| SRMR | 0.056 |

资料来源：本研究。

通过与拟合指数参考标准进行比较，初始模型运算结果中各项拟合指数尚可，卡方值与自由度之比小于 3，NFI、IFI、CFI 等指标均大于 0.9，且 RMSEA 和 SRMR 等指标均小于 0.07，表明变量之间的关系确实存在，因此可以接受该概念模型。

根据结构方程模型所输出的结果，我们把变量间的标准化估计值列举出来，具体见表 6-13。

**表 6-13 标准化系数估计值**

| 变量间关系 | 标准化估计值(β) | C. R. | P | Estimate |
|---|---|---|---|---|
| 消费互动 <--- 社群认同 | 0.412 | 3.385 | *** | 0.522 |
| 消企互动 <--- 社群认同 | 0.177 | 4.855 | *** | 0.247 |
| 消费互动 <--- 社群满意度 | 0.252 | 3.562 | *** | 0.292 |

续表

| 变量间关系 | | | 标准化估计值(β) | C. R. | P | Estimate |
|---|---|---|---|---|---|---|
| 消企互动 | <--- | 社群满意度 | 0.797 | 5.356 | *** | 0.879 |
| 消费互动 | <--- | 社群影响度 | 0.223 | 4.173 | *** | 0.343 |
| 消企互动 | <--- | 社群影响度 | 0.169 | 5.643 | *** | 0.199 |
| 口碑 | <--- | 消费互动 | 0.222 | 3.353 | *** | 0.342 |
| 品牌形象 | <--- | 消费互动 | 0.318 | 4.232 | *** | 0.438 |
| 社群活力 | <--- | 消费互动 | 0.373 | 5.597 | *** | 0.453 |
| 口碑 | <--- | 消企互动 | 0.694 | 3.498 | *** | 0.874 |
| 品牌形象 | <--- | 消企互动 | 0.215 | 3.084 | *** | 0.355 |
| 社群活力 | <--- | 消企互动 | 0.492 | 6.036 | *** | 0.652 |
| 口碑 | <--- | 社群认同 | 0.375 | 3.314 | *** | 0.455 |
| 品牌形象 | <--- | 社群认同 | 0.331 | 4.304 | *** | 0.541 |
| 社群活力 | <--- | 社群认同 | 0.293 | 4.645 | *** | 0.343 |
| 口碑 | <--- | 社群满意度 | 0.270 | 3.297 | *** | 0.410 |
| 品牌形象 | <--- | 社群满意度 | 0.316 | 4.189 | *** | 0.436 |
| 社群活力 | <--- | 社群满意度 | 0.535 | 5.994 | *** | 0.685 |
| 口碑 | <--- | 社群影响度 | 0.107 | 5.015 | *** | 0.287 |
| 品牌形象 | <--- | 社群影响度 | 0.322 | 6.552 | *** | 0.482 |
| 社群活力 | <--- | 社群影响度 | 0.245 | 3.733 | *** | 0.425 |

资料来源：根据 Amos 输出结果整理。

## 6.4 企业介入度调节效应分析

在验证企业介入度的调节作用的时候，我们使用 SPSS22.0 采用分层回归法进行分析。分层回归分析法在分析多组自变量和一个因变量之间的关系时，不仅能够估计自变量的参数值和自变量对因变量的方差解释程度，还可以对其他变量进行控制。前人的研究表明，分层回归法是一种分析变量之间交互影响的较好的方法。

在进行分层回归时，按照学者 J · Cohen 和 P · Cohen（1983）建议的分析步骤，第一步先输入控制变量：性别、年龄、教育程度、收入水平、加入品牌社群的时间；第二步输入自变量：社群认同、社群满意度、社群影响度；第三步输入调节变量：企业介入度；第四步输入自变量和调节变量的交互项。为避免多重共线性的问题，本研究中所有变量都进行了标准化处理。

### 6.4.1 企业介入对消费者之间互动的调节效应分析

如表 6-14 所示，分层回归结果表明，第一步中，所有控制变量（如性别、年龄、加入社群的时间等）在品牌社群价值方面并无明显的差异；在第二步中品牌社群的社群认同、社群满意度和社群影响度对品牌社群价值有显著的正向影响（M2，$\beta=0.38$，$P<0.01$；$\beta=0.18$，$P<0.05$；$\beta=0.25$，$P<0.01$）；在第三步中加入调节变量企业介入度，这里消费者间的互动对品牌社群价值有显著的正向影响（M3，$\beta=0.33$，$P<0.05$）；第四步为品牌社群感知与消费者间互动的交互作用对品牌社群价值的影响检验，从表中可得到社群认同与企业介入度交互对消费者之间的互动程度具有正向的影响（M4，$\beta=0.38$，$p<0.01$），社群满意度与企业介入度交互对消费者之间的互动程度具有正向的影响（M5，$\beta=0.22$，$p<0.05$），社群影响度与企业介入度交互对消费者之间互动程度具有正向的影响（M6，$\beta=0.31$，$p<0.01$）。

**表 6-14 消费者之间互动程度分层回归检验结果**

| 解释变量 \ 因变量 | 消费者之间互动程度 | | | | | |
|---|---|---|---|---|---|---|
| | $M_1$ | $M_2$ | $M_3$ | $M_4$ | $M_5$ | $M_6$ |
| 控制变量 | | | | | | |
| 性别 | 0.01 | 0.03 | 0.04 | 0.04 | 0.07 | 0.10 |
| 年龄 | 0.04 | 0.02 | 0.03 | -0.01 | 0.04 | -0.01 |
| 教育程度 | 0.11 | 0.05 | 0.07 | 0.07 | 0.06 | 0.00 |

续表

| 解释变量 \ 因变量 | 消费者之间互动程度 | | | | | |
|---|---|---|---|---|---|---|
| | $M_1$ | $M_2$ | $M_3$ | $M_4$ | $M_5$ | $M_6$ |
| 收入水平 | 0.05 | 0.03 | -0.08 | -0.06 | 0.06 | 0.05 |
| 加入品牌社群时间 | 0.02 | -0.01 | 0.02 | 0.01 | 0.17 | -0.13** |
| 自变量 | | | | | | |
| 社群认同 | | 0.38** | 0.28** | 0.26** | 0.28** | 0.30** |
| 社群满意度 | | 0.18* | 0.19* | 0.21** | 0.27** | 0.28** |
| 社群影响度 | | 0.25** | 0.23** | 0.24** | 0.24** | 0.25** |
| 调节变量 | | | | | | |
| 企业介入度 | | | 0.33* | 0.34** | 0.35** | 0.34** |
| 交互项 | | | | | | |
| 社群认同*企业介入度 | | | | 0.38** | | |
| 社群满意度*企业介入度 | | | | | 0.22* | |
| 社群影响度*企业介入度 | | | | | | 0.31** |
| $R^2$ | 0.02 | 0.29 | 0.35 | 0.26 | 0.27 | 0.23 |
| $\Delta R^2$ | 0.02 | 0.25 | 0.06 | 0.03 | 0.10 | 0.09 |
| $F$ | 0.73 | 8.16** | 9.61* | 8.81** | 9.38** | 9.32** |
| $\Delta F$ | 0.73 | 20.12** | 15.41* | 16.85** | 32.85** | 31.89** |

注：$N=393$；$^{**}p<0.01$，$^{*}p<0.05$；资料来源：根据SPSS输出结果整理。

### 6.4.2 企业介入对消费者和企业互动的调节效应分析

如表6-15所示，分层回归结果表明，第一步中，所有控制变量（如性别、年龄、加入社群的时间等）在品牌社群价值方面并无明显的差异；在第二步中品牌社群的社群认同、社群满意度和社群影响度对品牌社群价值有显著的正向影响（M2，$\beta=0.27$，$P<0.01$；$\beta=0.53$，$P<0.01$；$\beta=0.57$，$P<0.01$）；在第三步中加入调节变量企业介入度，消费者与企业间的互动对品牌社群价值有显著的正向影响（M3，$\beta=0.15$，$P<0.05$）；第四步为对品牌社群感知和消费者与企业间互动的交互作用对品牌社群价值的影响检验，从表中可得到社群认同与企业介入度交互对消费者之间的互动程度没有显著的影响（M4，

$\beta = 0.08$，$p > 0.05$），社群满意度与企业介入度交互对消费者之间的互动程度具有正向的影响（M5，$\beta = 0.22$，$p < 0.01$），社群影响度与企业介入度交互对消费者之间的互动程度具有正向的影响（M6，$\beta = 0.27$，$p < 0.01$）。

**表 6-15 消费者与企业互动程度分层回归检验结果**

| 解释变量 \ 因变量 | 消费者与企业互动程度 | | | | | |
|---|---|---|---|---|---|---|
| | $M_1$ | $M_2$ | $M_3$ | $M_4$ | $M_5$ | $M_6$ |
| 控制变量 | | | | | | |
| 性别 | 0.14 | 0.10 | 0.09 | 0.10 | 0.10 | 0.10 |
| 年龄 | 0.05 | 0.05 | 0.05 | 0.05 | 0.04 | 0.05 |
| 教育程度 | 0.01 | 0.05 | 0.06 | 0.07 | 0.06 | 0.05 |
| 收入水平 | 0.11 | 0.07 | -0.06 | -0.06 | 0.01 | 0.05 |
| 加入品牌社群时间 | 0.03 | -0.05 | 0.04 | -0.03 | 0.07 | -0.03 |
| 自变量 | | | | | | |
| 社群认同 | | 0.27** | 0.22** | 0.22** | 0.21** | 0.21** |
| 社群满意度 | | 0.53** | 0.49* | 0.49** | 0.49** | 0.48** |
| 社群影响度 | | 0.57** | 0.43** | 0.46** | 0.43** | 0.45** |
| 调节变量 | | | | | | |
| 企业介入度 | | | 0.15* | 0.15* | 0.15* | 0.14* |
| 交互项 | | | | | | |
| 社群认同*企业介入度 | | | | 0.08 | | |
| 社群满意度*企业介入度 | | | | | 0.22** | |
| 社群影响度*企业介入度 | | | | | | 0.27** |
| $R^2$ | 0.03 | 0.58 | 0.59 | 0.59 | 0.57 | 0.23 |
| $\Delta R^2$ | 0.03 | 0.05 | 0.01 | 0.00 | 0.10 | 0.09 |
| $F$ | 1.19 | 28.14** | 26.61** | 23.45** | 29.38** | 38.33** |
| $\Delta F$ | 1.19 | 70.53** | 5.12** | 0.00 | 16.85** | 29.99** |

注：$N = 393$；** $p < 0.01$，* $p < 0.05$；资料来源：根据 SPSS 输出结果整理。

# 6.5 研究假设的检验结果

通过上述对结构方程模型和调节的回归分析，得到了本研究的假设检验的结果。

## 6.5.1 决定因素相关假设的检验结果

在品牌社群感知对品牌社群价值的影响、品牌社群感知对消费者卷入的影响以及消费者卷入对品牌社群价值的影响的检验中，无法得到验证的假设有H1c、H1g、H1k、H3c和H3g。虽然部分学者认为品牌忠诚可以用单一题项进行测量，但结构方程分析中要求每一测量构念至少应包括三个题项，否则测量结果可能出现偏差，故本研究为保证测量结果的准确性，将单一题项测量的品牌忠诚剔除，因此假设H1c，H1g，H1k，H3c，H3g无法得到验证，后续研究可尝试采用多题项测量工具来验证品牌忠诚相关假设。本书中的其他假设都得到了验证。决定性因素相关假设的检验结果如表6-16所示。

**表6-16　决定性因素相关假设的检验结果**

| 编号 | 研　究　假　设 | 验证结果 |
|---|---|---|
| H1a | 社群认同对口碑有显著的正向影响。 | 支持 |
| H1b | 社群认同对品牌形象有显著的正向影响。 | 支持 |
| H1c | 社群认同对品牌忠诚有显著的正向影响 | 无法验证 |
| H1d | 社群认同对社群活力有显著的正向影响。 | 支持 |
| H1e | 社群满意度对口碑有显著的正向影响。 | 支持 |
| H1f | 社群满意度对品牌形象有显著的正向影响。 | 支持 |
| H1g | 社群满意度对品牌忠诚有显著的正向影响 | 无法验证 |
| H1h | 社群满意度对社群活力有显著的正向影响。 | 支持 |
| H1i | 社群影响度对口碑有显著的正向影响。 | 支持 |
| H1j | 社群影响度对品牌形象有显著的正向影响。 | 支持 |

续表

| 编号 | 研　究　假　设 | 验证结果 |
| --- | --- | --- |
| H1k | 社群影响度对品牌忠诚有显著的正向影响 | 无法验证 |
| H1l | 社群影响度对社群活力有显著的正向影响。 | 支持 |
| H2a | 品牌社群认同对消费者之间互动程度有显著的正向影响。 | 支持 |
| H2b | 品牌社群认同对消费者与企业互动程度有显著的正向影响。 | 支持 |
| H2c | 品牌社群满意度对消费者之间互动程度有显著的正向影响。 | 支持 |
| H2d | 品牌社群满意度对消费者与企业互动程度有显著的正向影响。 | 支持 |
| H2e | 品牌社群影响度对消费者之间互动程度有显著的正向影响。 | 支持 |
| H2f | 品牌社群影响度对消费者与企业互动程度有显著的正向影响。 | 支持 |
| H3a | 消费者之间互动程度对口碑有显著的正向影响。 | 支持 |
| H3b | 消费者之间互动程度对品牌形象有显著的正向影响。 | 支持 |
| H3c | 消费者之间互动程度对品牌忠诚有显著的正向影响 | 无法验证 |
| H3d | 消费者之间互动程度对社群活力有显著的正向影响。 | 支持 |
| H3e | 消费者与企业互动程度对口碑有显著的正向影响。 | 支持 |
| H3f | 消费者与企业互动程度对品牌形象有显著的正向影响。 | 支持 |
| H3g | 消费者与企业互动程度对品牌忠诚有显著的正向影响 | 无法验证 |
| H3h | 消费者与企业互动程度对社群活力有显著的正向影响。 | 支持 |

### 6.5.2　调节因素相关假设的检验结果

如表 6-17 所示，在对模型中的调节作用的检验中，除了企业介入度在社群认同影响消费者与企业互动程度方面的调节作用不显著，从理论上看，造成这种调节作用不显著的原因可能是企业对品牌社群的高介入度会导致品牌社群成为企业主导的品牌社群，这种情况下企业会将社群作为其主要的营销工具。企业主导的品牌社群中的互动有一定营销目的，减少了关于产品或服务的负面信息。这使得社群成员会对品牌社群有不同的认识，进而产生不同于企业主导的品牌社群的认同。同时，表中也显示其他的调节作用都通过了验证，这也是对前面的理论分析和建设的支持，说明企业介入度在品牌社群互动中显著的调节作用。

**表 6-17　调节因素相关假设的检验结果**

| 编号 | 研　究　假　设 | 验证结果 |
|---|---|---|
| H4a | 企业介入度在社群认同影响消费者之间互动程度方面具有调节作用。 | 支持 |
| H4b | 企业介入度在社群满意度影响消费者之间互动程度方面具有调节作用。 | 支持 |
| H4c | 企业介入度在社群影响度影响消费者之间互动程度方面具有调节作用。 | 支持 |
| H4d | 企业介入度在社群认同影响消费者与企业互动程度方面具有调节作用。 | 不支持 |
| H4e | 企业介入度在社群满意度影响消费者与企业互动程度方面具有调节作用。 | 支持 |
| H4f | 企业介入度在社群影响度影响消费者与企业互动程度方面具有调节作用。 | 支持 |

## 6.6　本章小结

本章旨在在样本数据收集整理的基础上，对其进行分析和相关检验，验证模型的拟合优度，并对第四章的相关假设进行检验。

本章主要使用统计分析软件 SPSS 22.0 和 Amos 17.0 对样本数据进行了数据的正态性检验、描述性统计分析、数据的信度和效度检验。通过构建结构方程模型对操作模型的主要部分进行了检验，结果较好地符合了预期。考察了人口统计变量的影响，然后进行了调节变量的相关分析，通过数据分析，我们对本研究的所有假设进行了结果的验证。

# 第七章

# 研究结论与启示

## 7.1 研究结论和品牌社群价值提升策略

### 7.1.1 研究结论

本书在对企业对品牌社群的介入程度的研究和品牌社群的起源梳理基础之上，根据企业介入程度的高低，将品牌社群的组织机制分为了消费者主导品牌社群和企业主导品牌社群。并实证分析了在社群感知通过社群互动对品牌社群价值影响中，企业介入度的调节作用。得出的结论主要包含以下几方面：

第一，企业对品牌社群的介入程度（以下简称企业介入度）可以从不同层次来影响和作用于品牌社群。依据企业介入度的高低，企业可以表现出对品牌社群的低层次的参与，例如以社群成员身份参与到品牌社群中；也可对品牌社群表现出高层次的参与，例如以品牌社群管理层的身份参与到品牌社群日常的运营维护等管理活动中。企业可以根据其战略规划和营销目标，对处于不同生命周期中的品牌社群选择不同层次的介入程度，进而满足其综合性的战略目标。同时，对于不同时期或不同类型（例如虚拟或实体）的品牌社群，企业的介入程度也不尽相同。

第二，在品牌社群建立的初期，由于消费者对品牌的忠诚以及消费者对于品牌及产品的价值诉求，使得消费者参与到以领军消费者为核心创建的品牌社群中，并在品牌社群中满足其对信息、心理以及物质三种价值的诉求。品牌社群的不断发展壮大又使得企业逐渐重视这样一个加强与消费者联系、培养品牌忠诚度的优势平台，使得企业开始投入更多的有效资源来经营自己的品牌社群，来满足企业对营销、产品或服务创新以及消费信息获取的动机。品牌社群的建立与蓬勃发展一方面得益于参加品牌社群的消费者对品牌的热爱或崇拜，另一方面得益于企业因品牌社群影响力的扩大而资助、培育属于自己的品牌社区。受企业战略规划以及外部环境的影响，不同的企业因其参与品牌社群动机的差别形成了不同的参与程度，进而由最初以领军消费者为核心建立的品牌社群演化成企业介入程度高的企业主导的品牌社群，以及企业介入程度低的消费者主导的品牌社群。

第三，通过对两种类型品牌社群的形成分析，品牌社群发展、演变的路径清晰化，从而能够更加高效地指导企业参与以及经营品牌社群。首先，企业应当充分利用品牌社群中消费者对品牌的热爱，形成口碑效应，进行有效的品牌宣传。亲朋好友是消费者获取品牌与产品信息的重要媒介。企业应扩大社群活动范围（老带新等方式），丰富社群活动内容来巩固品牌社群中忠实的消费者、发展这些消费者周围的潜在消费者。其次，企业应当提高品牌社群中消费者的让渡价值，尽可能多地满足社群中消费者对信息、心理以及物质的价值诉求。对于消费者在品牌社群中提出的信息价值诉求，企业应当及时更新产品或服务信息，并在第一时间向品牌社群成员发布促销信息；企业也应投入物力财力提高品牌知名度与社群活动档次，来提高成员归属感和荣誉感，以此满足品牌社群中消费者的心理诉求；企业还应当对积极参与品牌社群、引领社群正向发展的消费者进行相应的物质鼓励，向品牌社群中活跃的消费者提供诱人的折扣、优惠以及附加服务来提高社群成员对品牌社群的满意度，维系品牌社群长期的蓬勃发展。最后，当企业无法向品牌社群投入更多精力、提供更多资源来主导品牌社群的时候，应该适当建立与品牌社群中领军消费者的情感与利益联系，使得领军消费者将品牌社群往有利于品牌发展的方向引领。

第四，对品牌价值的感知受到品牌社群价值的影响，而品牌社群感知又通过品牌社群中消费者间以及消费者与企业间互动的中介作用，同时企业介入度对消费者的品牌社群感知与品牌社群互动又有调节作用。通过实证分析得出，企业介入度的高低（企业介入度高时为企业主导品牌社群，企业介入度低时为消费者主导品牌社群）可以对消费者对品牌社群价值和品牌价值的感知产生不同的影响。在操作模型的实证分析中，消费者的品牌社群感知对品牌社群互动有正向显著性影响，而品牌社群互动对品牌社群价值有正向显著影响，且企业介入程度（表现为企业主导和消费者主导品牌社群）对品牌社群感知与品牌社群互动之间的因果关系有调节作用。不同类型和性质的品牌社群，需要企业根据品牌社群的实际情况，做出介入与否以及介入程度的决策。例如，当品牌社群成员加入品牌社群的互动中，主要是为了满足其价值诉求时，企业应高介入甚至是自主建立品牌社群；而对以消费者间互动为主要目的的虚拟品牌社群，企业应以低层次的介入来满足消费者的需求。

### 7.1.2 品牌社群价值提升策略

价值诉求是消费者加入品牌社群的动因。本研究在前章节提到过周志民（2005）以价值方向和价值性质为出发点，实证分析得出品牌社群的建立和消费者是否参与品牌社群主要取决于品牌社群是否能够满足消费者在财务、形象、服务和社交四个维度的价值诉求。品牌社群的构建需要企业对品牌社群的参与、支撑和管理，品牌企业对品牌社群的介入程度高低对品牌社群的构建以及运营有着极其重要的影响。品牌企业在建立和管理品牌社群时必须通过充分的调查与深入的分析来了解消费者的需求。对于消费者不同的价值诉求有针对性地设计品牌社群参与方式和组织品牌社群活动，以满足消费者的需求、提升他们的价值感知。满足社群成员的价值诉求不但有助于提高社群成员对社群的忠诚度，而且提升了品牌社群的价值。因此，品牌企业明确品牌社群能够满足社群成员的何种需求、为社群成员提供何种价值，是品牌企业高效经营品牌社群的必要条件。

在品牌社群建立的初级阶段和品牌社群运营的各个阶段，根据品牌社群发展的不同情况，企业对品牌社群的介入策略都应有所区别。本书基于品牌社群感知—品牌社群消费者卷入—提升品牌社群价值这样一个概念模型，辅之以小米手机的案例，从品牌社群建立前期、初期、发展和成熟四个阶段提出了品牌社群建设运营的策略，并针对提升消费者价值提出相应的政策和建议。

### （一）品牌社群建立前期准备

当今社会人们的思想意识和价值观越来越趋于多元化，而由价值观所引导的消费诉求也呈现出多样化的特点。创立品牌社群进而维持这一品牌社群的存在要求企业必须提炼出消费者一致认同的价值观。而这个价值观也一定是以品牌为起点的，并能够突出其异质性和独特性，使其品牌能够成为彰显该价值观的载体。通常情况下，产品及其依托的品牌所展现出的内涵与价值观应与预期顾客所隐含的内在情感存在某种契合，即顾客心理所暗示的需求会在品牌中得以体现，寻找共同价值观的关键在于对消费者对产品的真实需求的精准把握。这要求营销者对目标消费者的精神状态有清醒的认识，进而找到与品牌相符合的价值认同。

品牌是品牌社群的成员共有的语言和信念。他们共享信息和体验，甚至成为忠实的朋友。因此，企业建立品牌社群前期应充分调研市场，精准营销，锁定客户群体，了解客户诉求、价值观，将产品以及服务定位与客户诉求及价值观匹配，使消费者对产品、服务产生认同，进而认同品牌。因某个品牌而聚在一起的品牌社群成员往往都具有相似的价值观或表现出相似的个性。激烈的市场竞争下市场细分越来越细，在这样的背景下，企业只有不断通过品牌社群向顾客推广品牌文化、塑造品牌个性理念，才能获得社群成员的认同，进而使其成为企业的忠诚拥护者。企业需要不断强化品牌个性，用以与其他品牌区分进而获得竞争优势。此外，企业应致力于开发出独具特色的专属产品或服务，这种有企业特色的产品和服务将会更好地传递特有的社群文化。

在品牌价值观的定位上，以小米手机为例。小米拥有一个极其生动的品牌故事——追求梦想的雷军。“人因梦想而伟大。有梦最美，希望相随”这是雷军的一个名言。雷军将自己辉煌的过去以及自己二次创业的整个经历作为一个追逐梦想的过程，这种勇敢追梦的价值无疑为信仰普遍缺失的当代人传递了极强的正能量，满足了客户希望追求美好事物的心理，因此很容易便赢得了顾客极强的好感。

在产品属性上，小米手机将产品属性定位于发烧友手机，核心卖点是高配置、低价格和软硬一体。小米定位的具体策略是：首先对目标消费者的需求进行分析。智能机除了具备普通手机最基本的短信和通话功能以外，还应具备掌上电脑的许多功能，特别是浏览网页和有着各种功能的应用软件的使用。这些功能为用户提供了很大便利，也使得智能手机成为一个功能强大的手持终端设备，包括语音通话、影视娱乐、视讯短信、信息管理、无线网络接入等功能，这对青年人是具有很大吸引力的；其次是对顾客的购买模式进行分析。快速发展的网络技术改变了消费者的购物习惯，使得越来越多的人开始使用电脑和移动通讯工具进行网络购物。最后，从目标人群匹配度考量，有关数据显示，在新购买手机为智能手机的人群中，20—45 岁人群占 68%，月收入3 000 元以上人群占 62%，企事业人群占 67%，小米手机因此将目标人群定位为 20—45 岁、月收入 3 000 元以上的企事业职员人群。小米手机一开始就将自己定位为“高性能发烧手机”。创始人雷军解释了其中原因：当前 Android 的深度用户基本都是发烧人群，MIUI 的受众构成也是如此。借助新浪微博、人人网等各种渠道，信息传播的速度很快，对专业人群和发烧友的选择和使用将起到比之前更强的示范作用。对用户需求的精准定位使得小米这个品牌迅速唤起用户的热情，培养了一圈忠实的“米粉”。而品牌社群的前期准备过程也就在“米粉”的聚集过程中逐渐完成。

**（二）品牌社群建立初期阶段**

品牌建立初期，在已有一定消费者认同的基础上，企业应在建立和巩固品牌社群的过程中提高自主性。这时企业不能够只做一个参与者，更要为品牌社群提供支持资源用以支持社群的进一步发展。通过满足消费者物质诉求使得消费者提高参与品牌社群活动的积极性，并根据消费者的反馈做出妥善的处理，同时利用这些资源，搜集有效信息，及时更新产品功能、改善服务。

在现实中，并不是每个社群成员都能如期参加社群活动，这时，企业可以通过制定相应的激励机制来鼓励顾客的主动参与，从中获得互动价值。激励机制可以是有形的物质奖励，如向品牌社群中活跃的消费者提供诱人的折扣、优惠以及附加服务来满足顾客的物质诉求，也可以是无形的精神奖励。企业要不断推出新颖的社群活动吸引成员积极参与，由此提高了顾客价值，也提升了顾客忠诚。首先，可从硬件方面提供支持。如，将供应商、代理商、经销商等资源进行整合，把可利用或可开发的支持产品，如使用的硬件设备分层次、分阶段地赠送给社群成员。这种设备或零件必须能为品牌使用者增加心理认知价值和成就感，且应具有独特性甚至是一定的收藏性，以此来体现这些产品的附加值和为社群成员带来的综合价值。社群成员一旦拥有这些产品，他们就具有了一种荣誉感，由此带来的心理满足是社群成员与品牌互动的良好润滑剂。其次，可以从软件方面提供支持。软件的支持包括产品所需软件，如操作系统、应用软件等，也包括售后服务、意见反馈等服务措施。

此外，还可以考虑对于一些初次体验行为，可以将体验人群扩大到一些非社群成员，因为他们都可能是企业的潜在客户，通过这些活动，向他们有意识地传播品牌形象、社群文化，吸引他们加入社群。

为了给小米品牌社群的成员提供丰富多彩的社区生活，社区应开辟线上活动区，不定时举办活动，提供米粒（小米社区虚拟币）、手机配件甚至手机等相应奖励。这些带有物质奖励的社群活动对于现有顾客以及潜在顾客具有极强的吸引力，使他们带着极高的兴致加入社群并参与社群活动。此外，用户可在小米社区很方便地下载各类手机应用软件和操作系统，这些服务为手机发烧友们提供了软件方面的支持。同时小米社区也对这些活动的成果予以展示，使得更多潜在客户有意愿参加社群活动，这无疑扩大了社群的规模，增强了社群的活跃度，对公司的形象和产品形象起到了良好的宣传作用。

### （三）品牌社群建立发展阶段

社群成员参与品牌社群活动的目的之一就是满足自己的信息需求。品牌社群是一种“信息源”，它能提供的信息有产品使用和保养经验及诀窍、不同产品或品牌之间的性能和价格比较、品牌意义和发展历史等。社群成员在制定购买决策时，会到社群中搜寻信息；在使用过程中遇到问题时，会到社群中搜寻信息；在要转让或购买二手产品时，仍然会到社群中搜寻信息，等等。对于社群成员来说，这些信息具有重要的价值，有助于其做出决策，增长知识。品牌社群的这一功能使社群成员的信息诉求得到满足，并降低了他们获取信息的成本。

品牌在运营一段时间以后已经具有一定的知名度，拥有一部分忠诚消费者，企业可以搭建网络共享资源平台为客户提供信息资源，满足客户信息诉求，利用新媒体（微博、微信公众平台等）为客户创造沟通交流的机会。对于已经建立的品牌社群，为参与品牌社群的消费者提供与产品或者服务相关的资源与知识分享，提供专门的售后以及品牌社群服务人员为社群成员提供服务，使得消费者产生精神依赖，并形成良好的品牌以及品牌社群口碑。

小米公司在利用新媒体对产品进行信息传播和宣传方面就做得十分成功。小米成立了由400名自有员工组成的呼叫中心，专门负责在小米社区、微博以及对于米粉来电进行互动和反馈，并以此和米粉建立直接联系，为米粉提供与产品有关的信息，加深米粉对于小米的体验。网络是培育米粉的平台，微博是小米聚合米粉的利器。小米几乎把微博玩到了极致。截至目前，新浪微博上“小米公司”粉丝已达153万，“小米手机”粉丝也有152万。对拥有394万粉丝的雷军而言，在微博平台上，他作为小米手机掌门，既为小米的品牌社群积累了超高的人气，又为“米粉”提供了大量他们想要了解的有关产品的信息。而在微博上，米粉对于小米的反馈也是热烈的，这无疑最大限度地强化了小米宣传效应，减少了营销成本，促进产品的完善和升级。

### （四）品牌社群建立成熟阶段

当企业的某一品牌的社群已经成功运营，品牌效应已经形成，消费者将会自发地维持品牌社群的成长。品牌社群是一个松散的、没有正式组织结构的消费群体，消费者可以自由加入和退出。在线上虚拟品牌社群中，几乎每天都有新的成员加入，这些新成员可能会长期留在品牌社群之中，也可能从此不再登录该社群网站。在线下实体品牌社群中，每一次社群组织活动，人们（包括社群成员和非社群成员）也会根据自己的实际情况决定参加与否。表面上看，品牌社群是如此的松散和没有固定形态，但这并不影响品牌社群作为一个整体而存在，社群成员会在长期互动中形成朋友之情和同侪之谊。社群成员之间基于这种情谊逐渐形成关系法则，如社会认同、义务和期待、社会信任等，这些关系法则深刻影响着社群成员的态度和行为意愿。品牌社群成员参与品牌社群的动机之一在于获取精神价值。精神价值主要是消费者参与品牌社群的过程中，通过成员之间的相互沟通和交流来获取的。企业在开展品牌社群营销的过程中需要保证品牌社群内部的活跃性。企业可以通过建立和完善社群交互平台来改善内部成员之间的沟通和交流。

互联网技术的日益发达也为品牌社群的建立降低了很多成本。通过线上、线下相结合的方式，社群成员可以就自己喜欢的品牌进行交流和资源分享。但这个阶段企业仍需要介入品牌社群，积极组织社群活动，加强社群成员间的互动交流，以此来满足他们的精神诉求。

在品牌社群的构建中，企业可以利用自身拥有的各种资源，而社群中一些利益相关者对品牌社群的构建也很重要。他们可以对企业的战略、形象进行有针对性的宣传，形成口碑效应。在这些利益相关者中会有一部分人充当领军人物，他们对于企业品牌的发展和社群的成长壮大都会起到不可忽视的作用。在品牌社群当中，领军社群成员是品牌社群中最忠诚的那一部分成员。他们积极参与并且会自发开展品牌社群活动，并能够抵制竞争品牌的诱惑。这类领军成员关心并支持品牌社群的建设，他们会同时对新成员和潜在的顾客产生积极的影响。因此，如果能合理利用这一资源，企业可以及时获得顾客对品牌建设的看法与意见，进而了解顾客的真实需求，并据此改善已有的产品或服务，提升企业的市场形象。因此，社群中的产品必须能满足领军社群成员的需要，所传递的品牌价值和文化也必须得到领军社群成员的认同，使得领军消费者将品牌社群往有利于品牌发展的方向引领。

企业应该擅长发现社群中的领军成员并注重对“领军社群成员”的支持和培养，适当建立与品牌社群中领军消费者的情感与利益联系。企业应致力于寻找品牌社群中的领军消费者，并将品牌社群发展方向同步到品牌以及品牌企业战略。

品牌社群为社群成员提供了自由、平等的沟通氛围，成员可以以一种轻松舒适的方式发表评论，交流经验。在这个过程中，成员之间通过彼此间深入的沟通，加深了顾客对品牌的理解，并对品牌的发展前景产生良好的预期，从而增强了顾客忠诚，满足顾客的精神诉求。仍旧以小米手机为例。在小米手机论坛上，每周都可以看到两三千篇用户反馈的帖子，其中不乏一些深度体验报告。在一些重要功能的确定上，小米工程师通过在论坛上发起投票等方式收集用户反馈，最终确定产品功能形态。同时，小米在各种媒体论坛上都保持零距离贴近用户。包括雷军在内的小米合伙人每天都在做一系列的客服工作，亲自解答用户的一些提问。这些品牌与顾客的互动以及顾客之间的互动都为小米聚拢了大批忠诚的米粉。在这些平台中大家以现实身份进行交流，拉近了成员之间的距离，满足了人们内心渴望接触新朋友的欲望。同时线上的交流可能会最终升级为线下的更加深入的互动交流。线上线下互动的结合增强了用户的愉悦感，提升了社区的社交价值，使得社区成员间的互动质量与社交临场感得到提高与深化。通过这种交流的不断扩散和加深，品牌社群的价值得以体现，同时消费者自身价值也在这一过程中得到了潜移默化的提高。

## 7.2 研究启示

### 7.2.1 理论启示

根据企业介入度的高低，品牌社群的组织机制可以分为企业主导和消费者主导。品牌社群的组织机制的不同对消费者的品牌社群感知（主要包括社群认同、社群满意度和社群影响度）与消费者间互动和消费者-企业互动具有明显的调节作用。对于品牌社群机制的厘清，对于以后针对不同组织机制类型的研究有启迪性的作用，使得今后对品牌社群进行更加专业和精细的研究，进而更有利于品牌价值的研究。有利于学者认识到不同组织机制的品牌社群，其运营目标和管理机制具有明显的差别，促进学者对品牌社群进行更加有学术价值的研究。

### 7.2.2 实践启示

加速企业营销部门乃至企业的转型。企业的营销部门主要包含“营”与“销”两块业务，“营”代表市场运营，包含市场规划、品牌培育等；“销”则侧重于销售成果。传统理论中，市场营销只是价值在企业与顾客之间的转移与让渡过程，并无法创造新的价值。因此，以最终销售量衡量企业营销部门的工作业绩无可厚非。然而，市场化进程的加快带来了诸多变革，如品牌价值的源泉从产品质量与服务衍进为顾客与品牌的关系和情感，沟通企业与顾客的营销部门则成为创造顾客情感价值的重要载体。这一趋势使得传统营销部门管理模式的局限被暴露出来。传统营销部门是以销售为导向的，而营销创造的价值通常与精神层面上的体验价值相关，难以直接通过销量体现，因此部门主管更关心的是如何增加销量而非与顾客及其他利益相关者共同创造全新价值与体验。在新市场环境下，营销部门需要对销售任务、品牌共建、顾客情感与体验等一系列因素进行统一考虑，建立全新的考核体系代替传统的唯销量至上的衡量标准，促使营销部门的转型，从而使其成为品牌共建模式下创造新顾客价值的重要基石。

## 7.3 研究局限与展望

### 7.3.1 研究局限

本研究以品牌社群的组织机制以及其对品牌社群和品牌价值的影响为研究对象，对影响品牌社群组织机制的主要因素——企业对品牌社群的介入程度进行深入剖析，最终得出一系列能够应用于实践的结论。但是受主观能力和客观条件的限制，本研究还存在着许多不足之处，亟待改进。

首先，对企业对品牌社群的介入程度的研究还有待拓展。本研究依照现有文献，开创性地将企业介入定义为品牌企业对品牌社群的参与、支撑和管理等不同层次的融入程度。但企业对品牌社群的介入可能不止这三个层次的介入，还有介于三者综合或三者之外的介入。而企业主导和消费者主导的品牌社群对品牌社群价值的影响，也可能不只通过品牌社群互动来进行，还可从其他视角来对品牌社群和品牌价值进行作用。在下一步的研究中，需要将品牌社群组织机制进行详细的阐述和概念提取，以期应用到本研究中，挖掘出更加准确科学并且更加贴近现实的企业对品牌社群的介入程度。

其次，样本的选取和数量还需进一步确定。本研究在选取样本时尽力将样本多样性和可操作性进行有效融合，但是科学准确的结论需要足够多的样本和足够强的异质性，因此样本数量和选取的异质方面存在一定不足。本研究所选取的样本数量已经达到了可操作的水平，但是在以消费者为调查对象时，更为充足的样本量总能够得到更为准确的分析结果，但是受客观条件的限制，本研究不能够得到更多的样本量。本研究在样本的选取方面，尽量保证样本年龄、性别、职业、学历等方面的差异性，但是学生群体在样本中占有的比例较高，因此还应在其他行业和年龄的消费者层次上进行拓展。在接下来的研究中需要拓展样本选取范围，对更多的职业、地区、学历、年龄等层次的群体进行调研分析，扩大样本数量，增加样本来源的多样性，体现样本特征的异质性，保证调查结果的全面性。

再次，对数据的选取有待完善。本研究在实证分析设计时，收集的数据是在特定地点特定时刻，通过横断调研方法选取的截面数据，这种选取方法能够挖掘人口统计变项对于消费者对品牌社群感知的影响，但是忽略了时间变化对于模型的作用。因此还需要应用纵断调研方法，追踪特定消费者群体的品牌社群感知和品牌社群互动的变动。下一步需要选定某组特定的消费者群体，对他们的品牌社群感知、品牌社群互动以及品牌社群价值认知进行追踪研究，收集不同时间点上的数据，更加全面准确地对得到的数据进行深入分析，研究动态数据对结果的影响。

### 7.3.2 研究展望

对后续研究提供有益启示。主要有两个方面：①深化了对品牌社群主体地位和品牌社群系统功能性的认识，从而为企业主动利用品牌社群进行网络营销有关研究提供依据。以往对于品牌社群发展策略的研究仅简单地将品牌社群划分为消费者建立以及企业建立两种类型，对于品牌社群中企业介入度没有分析而忽略了品牌社群的实际主导者。根据企业对品牌社群介入程度以及品牌社群发展阶段的不同，企业和消费者在品牌社群中的主导地位会根据博弈而发生变化。这种系统功能性的认识将对品牌社群发展运营提供研究依据。②进一步理清了品牌社群作用路径，为网络品牌价值形成、网络品牌危机应对等相关研究提供基础。

为企业如何主动设计和参与社群活动，赢取品牌社群主导地位，进而提高自身品牌价值提供策略支持。品牌社群发展之初，消费者是品牌社群最为重要的参与者，也是品牌社群能够开展运营的基础。消费者通过参与品牌社群来满足对自身价值的诉求。因此本研究通过对消费者参与动机的分析使得企业清晰辨别消费者价值诉求，通过设计与参与品牌社群活动来满足消费者的诉求。企业通过品牌社群不但可以获取消费者的消费反馈用于改进产品质量、服务以及消费者的消费偏好等数据用于精准营销策略；而且企业可以通过品牌社群的良好运营来培养消费者对于品牌的忠诚度和发展新的社群成员。

# 附　录

# 本研究所用调查问卷

# 山东大学　品牌社群研究　调查问卷

尊敬的女士/先生：

您好！

非常感谢您抽空填写本问卷，本问卷主要探索您参与品牌社群的感知及参与社群活动对品牌社群产生的作用。请就您的实际情况或实际感受予以回答，回答没有对错之分。问卷不记名，仅供研究使用，资料绝对保密，请放心回答。

您宝贵的资讯对本研究有莫大的帮助，占用您宝贵的时间，在此由衷地感谢您的参与及协助，并致以最深的祝福！

敬祝身体健康、万事如意！

山东大学管理学院

本问卷中提及的品牌社群指围绕某品牌形成的由企业与消费者参与的社群组织，如品牌俱乐部、车友会、网络论坛等。品牌社群活动是指品牌公司与消费者开展的品牌社群活动，以及消费者与消费者之间的互动与交流。

# 第一部分：品牌社群感知与参与

请就您参与的品牌社群，根据自己的实际，对下列问项打分

| 编号 | 问　　项 | 完全不同意 | 不同意 | 中立 | 同意 | 非常同意 |
|---|---|---|---|---|---|---|
| A1 | 我认为我是该品牌社群的一员 | | | | | |
| A2 | 该品牌社群在我的日常生活中扮演重要角色 | | | | | |
| A3 | 我认同该品牌社群的理念 | | | | | |
| A4 | 我很喜欢该品牌社群 | | | | | |
| A5 | 我会全身心地投入到该品牌社群的活动 | | | | | |
| A6 | 总体来说该品牌社群达到了我的预期 | | | | | |
| A7 | 该品牌社群活动内容和我兴趣匹配 | | | | | |
| A8 | 该品牌社群满足了我的需求 | | | | | |
| A9 | 该品牌社群影响了我的行为和想法 | | | | | |
| A10 | 该品牌社群对我很有影响力 | | | | | |
| A11 | 该品牌社群对我的日常生活产生了重要影响 | | | | | |
| A12 | 我参与的品牌社群中，社群成员会互帮互助 | | | | | |
| A13 | 当需要建议的时候，我倾向于在品牌社群中寻找他人支持 | | | | | |
| A14 | 参与该品牌社群活动过程中，我交到了新朋友 | | | | | |
| A15 | 该品牌社群成员间的友谊，对我很重要 | | | | | |
| A16 | 该品牌社群为社群成员提供了交流平台 | | | | | |
| A17 | 我很喜欢和该品牌社群成员进行交流 | | | | | |
| A18 | 我在该品牌社群中表现很活跃 | | | | | |
| A19 | 我倾向于和该品牌社群成员沟通 | | | | | |
| A20 | 我乐于参与企业组织的品牌社群活动 | | | | | |
| A21 | 我对企业在该品牌社群中发布的信息很感兴趣 | | | | | |
| A22 | 我通过该品牌社群为企业提供建议 | | | | | |

# 第二部分：企业介入程度与社群价值

| 编号 | 问　　项 | 完全不同意 | 不同意 | 中立 | 同意 | 非常同意 |
|---|---|---|---|---|---|---|
| B1 | 我参与该品牌社群活动中,所获得的奖励主要由企业提供 | | | | | |
| B2 | 我和其他品牌社群成员间的互动主要围绕该品牌与其产品 | | | | | |
| B3 | 该品牌社群的活动主要由企业发起 | | | | | |
| B4 | 我与其他社群成员私下联系较少 | | | | | |
| B5 | 我会向他人传播该品牌社群正面形象 | | | | | |
| B6 | 我会向我周围的人推荐该品牌社群 | | | | | |
| B7 | 我鼓励他人参与该品牌社群活动 | | | | | |
| B8 | 我会向他人传播该品牌社群正面形象 | | | | | |
| B9 | 我会向我周围的人推荐该品牌社群 | | | | | |
| B10 | 我鼓励他人参与该品牌社群活动 | | | | | |
| B11 | 该品牌值得信赖 | | | | | |
| B12 | 该品牌值得喜欢 | | | | | |
| B13 | 该品牌是个好品牌 | | | | | |
| B14 | 该品牌是具有吸引力的品牌 | | | | | |
| B15 | 目前,我不会退出该品牌社群 | | | | | |
| B16 | 每次参与该品牌社群活动,我都有机会结识新成员 | | | | | |
| B17 | 企业经常会通过该品牌社群发布有用的信息 | | | | | |
| B18 | 该品牌社群的活动很频繁 | | | | | |

# 第三部分：背景信息

您的性别：

□男 □女

您的学历：

□高中或中专以下 □高中或中专 □大专或本科

□硕士研究生 □博士及以上

您的年龄：

□18 岁以下 □18—25 岁 □26—35 岁 □36—45 岁

□46—55 岁 □56 岁及以上

您的月收入：

□2 000 元以下 □2 000—4 999 元 □5 000—9 999 元

□1 万元及以上

您加入该品牌社群的时间为：

□6 个月以下 □6 个月—1 年 □1—2 年 □2 年以上

**再次感谢您的支持与帮助，谢谢！**

# 参考文献


[1] Algesheimer R, Dholakia U M, Herrmann A. The social influence of brand community: evidence from European car clubs [J]. Journal of marketing, 2005, 69 (3): 19-34.

[2] Anderson E W, Fornell C A. Customer satisfaction research prospectus [J]. Service quality: New directions in theory and practice, 1994, 14 (1): 239-266.

[3] Bagozzi R P, Dholakia U M. Antecedents and purchase consequences of customer participation in small group brand communities [J]. International Journal of Research in Marketing, 2006, 23 (1): 45-61.

[4] Bagozzi R P, Yi Y. On the evaluation of structural equation models [J]. Journal of the Academy of Marketing Science, 1988, 16 (1): 74-94.

[5] Bhattacharya C B, Rao H, Glynn M A. Understanding the bond of identification: an investigation of its correlates among art museum [J]. Journal of Marketing, 1995, 59 (4): 46-57.

[6] Brodie R J, Ilic A, Juric B, et al. Consumer engagement in a virtual brand community: an exploratory analysis [J]. Journal of Business Research, 2013, 66 (1): 105-114.

[7] Brogi S. Online brand communities: a literature review [J]. Procedia-Social and Behavioral Sciences, 2014, 109: 385-389.

[8] Bruhn M, Schnebelen S, Schäfer D. Antecedents and consequences of the quality of e-customer-to-customer interactions in B2B brand communities [J]. Industrial Marketing Management, 2014, 43 (1): 164-176.

[9] Carlson B D, Suter T A, Brown T J. Social versus psychological brand community: the role of psychological sense of brand community [J]. Journal of Business Research, 2008, 61 (4): 284-291.

[10] Casaló L V, Flavián C, Guinalíu M. Promoting consumer's participation in virtual brand communities: a new paradigm in branding strategy [J]. Journal of marketing

Communications, 2008, 14 (1): 19-36.

[11] Chauhan K, Pillai A. Role of content strategy in social media brand communities: a case of higher education institutes in India [J]. Journal of Product & Brand Management, 2013, 22 (1): 40-51.

[12] Chang A, Hsieh S H, Lin F. Personality traits that lead members of online brand communities to participate in information sending and receiving [J]. International Journal of Electronic Commerce, 2013, 17 (3): 37-62.

[13] Chavis D M, Pretty G M H. Sense of community: Advances in measurement and application [J]. Journal of Community Psychology, 1999, 27 (6): 635-642.

[14] Chi HH. Interactive digital advertising vs. virtual brand community: exploratory study of user motivation and social media marketing responses in Taiwan [J]. Journal of Interactive Advertising, 2011, 12 (1): 44-61.

[15] Cova B, Pace S. Brand community of convenience products: new forms of customer empowerment—the case "My Nutella TheCommunity" [J]. European Journal of Marketing, 2006, 40 (9/10): 1087-1105.

[16] Cova B, White T. Counter-brand and alter-brand communities: the impact of Web 2.0 on tribal marketing approaches [J]. Journal of Marketing Management, 2010, 26 (3-4): 256-270.

[17] Cova B, Paranque B. Value Capture and Brand Community Management [J]. Available at SSRN 2233829, 2013.

[18] Cronin Jr JJ, Taylor S A. SERVPERF versus SERVQUAL: reconciling performance-based and perceptions-minus-expectations measurement of service quality [J]. The Journal of Marketing, 1994: 125-131.

[19] Cui A P, Hu M Y, Griffith D A. What makes a brand manag ereffective? [J]. Journal of Business Research, 2014, 67 (2): 144-150.

[20] DeValck K, Langerak F, Verhoef P C, et al. Satisfaction with Virtual Communities of Interest: Effect on Members' Visit Frequency * [J]. British Journal of Management,

2007, 18 (3): 241-256.

[21] Dwyer F R, Schurr P H, Oh S. Developing buyer-seller relationships [J]. The Journal of Marketing, 1987: 11-27.

[22] Ewing M T, Wagstaff P E, Powell I H. Brand rivalry and community conflict [J]. Journal of Business Research, 2013, 66 (1): 4-12.

[23] Fornell C. A national customer satisfaction barometer: The Swedish experience [J]. the Journal of Marketing, 1992: 6-21.

[24] Fornell C, Larcker D F. Evaluating structural equation models with unobservable variables and measurement error [J]. Journal of Marketing Research, 1981: 39-50.

[25] Füller J, Jawecki G, Mühlbacher H. Innovation creation by online basketball communities [J]. Journal of Business Research, 2007, 60 (1): 60-71.

[26] Gabrielli V, Baghi I. Online brand community within the integrated marketing communication system: when chocolate becomes seductive like a person [J]. Journal of Marketing Communications, 2014 (ahead-of-print): 1-18.

[27] Goh K Y, Heng C S, Lin Z. Social media brand community and consumer behavior: Quantifying the relative impact of user-and marketer-generated content [J]. Information Systems Research, 2013, 24 (1): 88-107.

[28] Gummerus J, Liljander V, Weman E, et al. Customer engagement in a Facebook brand community [J]. Management Research Review, 2012, 35 (9): 857-877.

[29] Habibi M R, Laroche M, Richard M O. The roles of brand community and community engagement in building brand trust on social media [J]. Computers in Human Behavior, 2014, 37: 152-161.

[30] Habibi M R, Laroche M, Richard M O. Brand communities based in social media: How unique are they? Evidence from two exemplary brand communities [J]. International Journal of Information Management, 2014, 34 (2): 123-132.

[31] Hatch M J, Schultz M. Toward a theory of brand co-creation with implications for brand governance [J]. Journal of Brand Management, 2010, 17 (8): 590-604.

[32] Hickman T, Ward J. The dark side of brand community: inter-group stereotyping, trash talk, and schadenfreude [J]. Advances in Consumer Research, 2007, 34: 314-319.

[33] Hollenbeck C R, Zinkhan G M. Consumer activism on the internet: the role of anti-brand communities [J]. Advances in Consumer Research, 2006, 33: 479-485.

[34] Hudson S, Thal K. The impact of social media on the consumer decision process: implications for tourism marketing [J]. Journal of Travel & Tourism Marketing, 2013, 30 (1-2): 156-160.

[35] Hur W M, Ahn K H, Kim M. Building brand loyalty through managing brand community commitment [J]. Management Decision, 2011, 49 (7): 1194-1213.

[36] Humphrey Jr W F, Laverie D A, Rinaldo S B. Fostering Brand Community Through Social Media: A New Relational Framework for Targeting Connected Consumers [M] // Ideas in Marketing: Finding the New and Polishing the Old. Springer International Publishing, 2015: 664-664.

[37] Jang H, Olfman L, Ko I, et al. The influence of on-line brand community characteristics on community commitment and brand loyalty [J]. International Journal of Electronic Commerce, 2008, 12 (3): 57-80.

[38] Jeong H J, Koo D M. Combined effects of valence and attributes of e-WOM on consumer judgment for message and product: the moderating effect of brand community type [J]. Internet Research, 2015, 25 (1) .

[39] Kang J, Tang L, Fiore A M. Enhancing consumer-brand relationships on restaurant Facebook fan pages: maximizing consumer benefits and increasing active participation [J]. International Journal of Hospitality Management, 2014, 36: 145-155.

[40] Katz M, Heere B. Leaders and followers: a exploration of the notion of scale-free networks within a new brand community [J]. Journal of Sport Management, 2013, 27 (4): 271-287.

[41] Kilambi A, Laroche M, Richard M O. Constitutive marketing: towards understanding

brand community formation [J]. International Journal of Advertising, 2013, 32 (1): 45-64.

[42] Keller K L. Conceptualizing, measuring, and managing customer-based brand equity [J]. The Journal of Marketing, 1993: 1-22.

[43] Kim K H, Jung Y M. Website evaluation factors and virtual community loyalty in Korea [J]. Advances in International Marketing, 2007, 18: 231-252.

[44] Ku E. Distributed fascinating knowledge over an online travel community [J]. International Journal of Tourism Research, 2014, 16 (1): 33-43.

[45] LaBarbera P A, Mazursky D. A. Longitudinal assessment of consumer satisfaction/dissatisfaction: the dynamic aspect of the cognitive process [J]. Journal of Marketing Research, 1983: 393-404.

[46] Lagrosen S. Effects of the internet on the marketing communication of service companies [J]. Journal of Services Marketing, 2005, 19 (2): 63-69.

[47] Laroche M, Habibi M R, Richard M O, et al. The effects of socialmedia based brand communities on brand community markers, value creation practices, brand trust and brand loyalty [J]. Computers in Human Behavior, 2012, 28 (5): 1755-1767.

[48] Laroche M, Habibi M R, Richard M O. To be or not to be in social media: how brand loyalty is affected by social media? [J]. International Journal of Information Management, 2013, 33 (1): 76-82.

[49] Lantz G, Loeb S. An examination of the community identity and purchase preferences using the social identity approach [J]. Advances in Consumer Research, 1998, 25 (1): 486-491.

[50] Lee D, Kim H S, Kim J K. The impact of online brand community type on consumer's community engagement behaviors: consumer-created vs. marketer-created online brand community in online social-networking web sites [J]. Cyberpsychology, behavior, and social networking, 2011, 14 (1-2): 59-63.

[51] Lee H, Jeong S, Suh Y. The Influence of Negative Emotions in an Online Brand

Community on Customer Innovation Activities [C]// System Sciences (HICSS), 2014 47th Hawaii International Conference on IEEE, 2014: 1854-1863.

[52] Leigh T W, Peters C, Shelton J. The consumer quest for authenticity: the multiplicity of meanings within the MG subculture of consumption [J]. Journal of the Academy of Marketing Science, 2006, 34 (4): 481-493.

[53] Lemon K N, White T B, Winer R S. Dynamic customer relationship management: incorporating future considerations into the service retention decision [J]. Journal of Marketing, 2002, 66 (1): 1-14.

[54] Levy S E, Hassay D N. Visitor Communities: Extending the Brand Community Concept to Tourism [M]// Assessing the Different Roles of Marketing Theory and Practice in the Jaws of Economic Uncertainty. Springer International Publishing, 2015: 336-336.

[55] Lin H F. Understanding behavioral intention to participate in virtual communities [J]. CyberPsychology & Behavior, 2006, 9 (5): 540-547.

[56] Luedicke M K. Brand community under fire: the role of social environments for the HUMMER brand community [J]. Advances in Consumer Research, 2006, 33: 486-493.

[57] Madupu V, Cooley D O. Antecedents and consequences of online brand community participation: a conceptual framework [J]. Journal of Internet Commerce, 2010, 9 (2): 127-147.

[58] Marzocchi G, Morandin G, Bergami M. Brand communities: loyal to the community or the brand? [J]. European Journal of Marketing, 2013, 47 (1/2): 93-114.

[59] McAlexander J H, Kim S K, Roberts S D. Loyalty: The influences of satisfaction and brand community integration [J]. Journal of Marketing Theory and Practice, 2003: 1-11.

[60] McAlexander J H, Koenig H F, Schouten J W. Building a university brand community: the long-term impact of shared experiences [J]. Journal of Marketing for Higher Education, 2005, 14 (2): 61-79.

[61] McAlexander J H, Schouten J W, Koenig H F. Building brand community [J]. Journal of Marketing, 2002, 66 (1): 38-54.

[62] McMillan D W. Sense of community [J]. Journal of community psychology, 1996, 24 (4): 315-325.

[63] McMillan D W, Chavis D M. Sense of community: a definition and theory [J]. Journal of Community Psychology, 1986, 14 (1): 6-23.

[64] McWilliam G. Building stronger brands through online communities [J]. Sloan Management Review, 2012, 41 (3) .

[65] Mittal V, Ross W T, Baldasare P M. The asymmetric impact of negative and positive attribute-level performance on overall satisfaction and repurchase intentions [J]. Journal of Marketing, 1998, 62: 33-47.

[66] Morandin G, Bagozzi R P, Bergami M. Brand community membership and the construction of meaning [J]. Scandinavian Journal of Management, 2013, 29 (2): 173-183.

[67] Muñiz Jr A M, O'guinn T C. Brand community [J]. Journal of consumer research, 2001, 27 (4): 412-432.

[68] Muñiz A M, O'Guinn T C, Fine G A, et al. Rumor in brand community [J]. Advances in social & organizational psychology: A tribute to Ralph Rosnow, 2006: 227-247.

[69] Muñiz, Jr A M, Schau H J. Vigilante marketing and consumer-created communications [J]. Journal of Advertising, 2007, 36 (3): 35-50.

[70] Nambisan S, Baron R A. Interactions in virtual customer environments: implications for product support and customer relationship management [J]. Journal of Interactive Marketing, 2007, 21 (2): 42-62.

[71] Obst P, Smith S G, Zinkiewicz L. An exploration of sense of community, Part 3: Dimensions and predictors of psychological sense of community in geographical communities [J]. Journal of Community Psychology, 2002, 30 (1): 119-133.

[72] Obst P, Zinkiewicz L, Smith S G. Sense of community in science fiction fandom, Part 1: Understanding sense of community in an international community of interest [J]. Journal of Community Psychology, 2002, 30 (1): 87-103.

[73] Obst P, Zinkiewicz L, Smith S G. Sense of community in science fiction fandom, Part 2: comparing neighborhood and interest group sense of community [J]. Journal of Community Psychology, 2002, 30 (1): 105-117.

[74] Oliver R L. Whence consumerloyalty? [J]. The Journal of Marketing, 1999: 33-44.

[75] Ouwersloot H, Odekerken-Schröder G. Who's who in brand communities-and why? [J]. European Journal of Marketing, 2008, 42 (5/6): 571-585.

[76] Park H, Kim Y K. The role of social network websites in the consumer-brand relationship [J]. Journal of Retailing and Consumer Services, 2014, 21 (4): 460-467.

[77] Ping Jr R A. A parsimonious estimating technique for interaction and quadratic latent variables [J]. Journal of Marketing Research, 1995: 336-347.

[78] Pongsakornrungsilp S, Schroeder J E. Understanding value co-creation in a co-consuming brand community [J]. Marketing Theory, 2011, 11 (3): 303-324.

[79] RajDevasagayam P, Buff C L, Aurand T W, et al. Building brand community membership within organizations: a viable internal branding alternative? [J]. Journal of Product & Brand Management, 2010, 19 (3): 210-217.

[80] Rossiter J R. The C-OAR-SE procedure for scale development in marketing [J]. International Journal of Research in Marketing, 2002, 19 (4): 305-335.

[81] Sarason S B. The psychological sense of community: prospects for a community psychology [M]. Jossey-Bass, 1974.

[82] Schau H J, Muniz A M. Brand communities and personal identities: negotiations in cyberspace [J]. Advances in Consumer Research, 2002, 29 (1): 344-349.

[83] So K K F, King C, Sparks B. Customer Engagement With Tourism Brands Scale Development and Validation [J]. Journal of Hospitality & Tourism Research, 2014,

38 (3): 304-329.

[84] Tsai H T, Huang H C, Chen W K. Brand Community Participation [C] // Proceedings of the 2009 Academy of Marketing Science (AMS) Annual Conference. Springer International Publishing, 2015: 97-97.

[85] Stokburger-Sauer N. Brand community: drivers and outcomes [J]. Psychology & Marketing, 2010, 27 (4): 347-368.

[86] Stratton G, Northcote J. When totems beget clans: the brand symbol as the defining marker of brand communities [J]. Journal of Consumer Culture, 2014: 1469 540514528194.

[87] Sukoco B M, Wu W Y. The personal and social motivation of customers' participation in brand community [J]. African Journal of Business Management, 2010, 4 (5): 614-622.

[88] JensenSchau H, Muniz Jr A M. A tale of tales: the Apple Newton narratives [J]. Journal of Strategic Marketing, 2006, 14 (1): 19-33.

[89] Schouten J W, McAlexander J H, Koenig H F. Transcendent customer experience and brand community [J]. Journal of the Academy of Marketing Science, 2007, 35 (3): 357-368.

[90] Tajfel H, Turner J C. The Social Identity Theory of Intergroup Behavior [J]. 2004.

[91] Turner J C, Hogg M A, Oakes P J, et al. Rediscovering the social group: a self-categorization theory [J]. Contemporary Sociology, 1987.

[92] Turner J C, Oakes P J. Self-categorization theory and social influence [J]. 1989.

[93] Tuškej U, Golob U, Podnar K. The role of consumer-brand identification in building brand relationships [J]. Journal of Business Research, 2013, 66 (1): 53-59.

[94] ULUSU Y DD Y. Determinant factors of time spent on Facebook: brand community engagement and usage types [J]. Journal of Yaşar University, 2010, 5 (18): 2949-2957.

[95] VonLoewenfeld F. Brand communities [M]. Gabler, 2006.

[96] Wang Y, Chan S F, Yang Z. Customers' Perceived Benefits of Interacting in a Virtual Brand Community in China [J]. Journal of Electronic Commerce Research, 2013, 14 (1): 46-69.

[97] Wiertz C, de Ruyter K. Beyond the call of duty: why customers contribute to firm-hosted commercial online communities [J]. Organization Studies, 2007, 28 (3): 347-376.

[98] Wirtz J, denAmbtman A, Bloemer J, et al. Managing brands and customer engagement in online brand communities [J]. Journal of Service Management, 2013, 24 (3): 223-244.

[99] Woisetschlager D M. Team-Sponsorship in the Formula One-Does it affect Brand Perception? An Empirical Assessment in the German Car Market [J]. Advances in consumer research, 2007, 34: 616.

[100] Woolf J, Heere B, Walker M. Do charity sport events function as "Brandfests" in the development of brand community [J]. Journal of Sport Management, 2013, 27 (2): 95-107.

[101] Michaelis M. The "Dark Side" of Brand Alliances: How the Exit of Alliance Members Affects Consumer Perceptions [J]. Advances in Consumer Research, 2008, 35.

[102] Zeithaml V A, Berry LL, Parasuraman A. The behavioral consequences of service quality [J]. the Journal of Marketing, 1996: 31-46.

[103] Woisetschläger D M, Hartleb V, Blut M. How to make brand communities work: antecedents and consequences of consumer participation [J]. Journal of Relationship Marketing, 2008, 7 (3): 237-256.

[104] Wu S C, Fang W C. The effect of consumer-to-consumer interactions on idea generation in virtual brand community relationships [J]. Technovation, 2010, 30 (11): 570-581.

[105] Zaglia M E. Brand communities embedded in social networks [J]. Journal of Business Research, 2013, 66 (2): 216-223.

[106] Zhou Z, Zhang Q, Su C, et al. How do brand communities generate brand relationships? Intermediate mechanisms [J]. Journal of Business Research, 2012, 65 (7): 890-895.

[107] Zhou Y, Amin M. Factors affecting online community commitment in China: a conceptual framework [J]. Journal of Technology Management in China, 2014, 9 (1): 24-36.

[108] 曾晓洋. 基于消费者虚拟社区的营销管理研究综述与未来展望 [J]. 外国经济与管理, 2011, 33 (11): 48-56.

[109] 陈晓萍, 徐淑英, 樊景立. 组织与管理研究的实证方法 [M]. 北京: 北京大学出版社, 2008.

[110] 陈锟, 彭怡, 张蕾. 新产品分销密度的动态优化 [J]. 中国管理科学, 2014, 6: 9-25.

[111] 成伯清. 社会建设的情感维度——从社群主义的观点看 [J]. 南京社会科学, 2011, 1: 70-76.

[112] 蔡明达, 刘宇傑. 网路品牌社群认同与投入对消费者行为之影响 [J]. 电子商务学报 Journal of e-Business. 第十五卷第二期, 2013 (15) 02: 295-318.

[113] 程立涛, 曾繁敏. 社群主义与集体主义之比较 [J]. 河北师范大学学报: 哲学社会科学版, 2005, 28 (5): 16-20.

[114] 程皖冰. 基于虚拟社群的品牌体验对消费者品牌态度影响实证研究 [D]. 南京财经大学, 2013.

[115] 董大海, 权小妍, 曲晓飞. 顾客价值及其构成 [J]. 大连理工大学学报 (社会科学版), 1999, 04: 18-20.

[116] 戴程. 品牌社群的建设机制研究 [J]. 莆田学院学报, 2012, 19 (1): 51-55.

[117] 范二平. 品牌价值提升策略探讨 [J]. 企业经济, 2013 (1): 21-24.

[118] 胡伟希. 儒家社群主义略论 [J]. 文史哲, 2006 (4): 31-37.

[119] 候杰泰, 温忠麟, 成子娟. 结构方程模型及其应用 [M]. 北京: 教育科学出版社, 2004.

[120] 何佳讯．品牌关系质量本土化模型的建立与验证 [J]．华东师范大学学报（哲学社会科学版），2006，030：100-106.

[121] 何佳讯．品牌资产测量的社会心理学视角研究评介 [J]．外国经济与管理，2006，04：48-52.

[122] 何佳讯．中外企业的品牌资产差异及管理建议——基于 CBRQ 量表的实证研究 [J]．中国工业经济，2006，08：109-116.

[123] 高海霞．基于中外品牌比较的中国本土品牌培育策略 [J]．经济管理研究，2013，1：49-53.

[124] 郭安禧，黄福才，黎微．重游意向最关键驱动因素的实证研究——感知价值、感知吸引力、游客满意和游客信任的比较 [J]．江西财经大学学报，2013，01：38-46

[125] 贾楠．虚拟品牌社群的互动性对品牌忠诚度的影响研究 [D]．东华大学，2014.

[126] 金立印．虚拟品牌社群的价值维度对成员社群意识、忠诚度及行为倾向的影响 [J]．管理科学，2007，20（2）：36-45.

[127] 赖明政，杨素贞．品牌社群整合对品牌社群权益的影响-以品牌社群认同及品牌社群承诺为中介 [J]．行销评论，2013，10（3）：293-321.

[128] 姜少帅，曹泽洲．品牌认同对虚拟品牌社群的影响 [J]．商场现代化，2012，28：12-13.

[129] 李杰，张毅．品牌社群对品牌延伸评价的影响 [J]．上海管理科学，2013，35（6）：16-19.

[130] 李新剑．基于品牌社群视角的体育营销模型研究 [J]．宁夏大学学报：人文社会科学版，2013，35（1）：144-148.

[131] 李巍，陆林．品牌社群作用机制的实证分析——消费者参与的中介作用 [J]．西南大学学报：社会科学版，2010，36（5）：128-133.

[132] 李智娜．在线品牌社群中互动性对品牌忠诚度的影响研究 [D]．复旦大学，2011.

[133] 李智娜，张夷君．在线品牌社群的互动关系及相关活动研究——以网页内容分

析为视角［J］. 中国市场营销，2011（1）：66-70.

［134］李婷. 品牌社群融入对品牌忠诚的影响研究［D］. 辽宁大学，2013.

［135］李婷婷，李艳军. 基于品牌社群的营销管理研究述评［J］. 管理现代化，2013（5）：59-61.

［136］李希，刘静娴. 品牌社群认同对品牌忠诚的影响机制研究——以奥迪汽车品牌社群为例［J］. 南京邮电大学学报：社会科学版，2014，16（1）：79-86.

［137］吕荣胜，原伟，杨强. "品牌社群"经营模式研究［J］. 西北工业大学学报：社会科学版，2008，27（2）：38-41.

［138］刘新. 虚拟品牌社群对品牌忠诚的影响研究［D］. 博士学位论文，中南大学，2011.

［139］刘伟，王新新. 粉丝作为超常消费者的消费行为、社群文化与心理特征研究前沿探析［J］. 外国经济与管理，2011，33（7）：41-48.

［140］刘勇. 品牌社群融入的测量、影响因素及其对品牌忠诚的影响研究［D］. 浙江大学，2009.

［141］刘勇，贾生华. 高校学生对学校品牌忠诚的形成研究——基于品牌社群视角［J］. 高等教育研究（成都），2008，25（2）：14-17.

［142］刘蓉，薛声家. 虚拟品牌社群的顾客细分研究［J］. 商业时代，2010，5：44-45.

［143］刘颖，肖洪钧，白雪峰. 品牌社群：大型体育赛事与城市品牌塑造的困境突围［J］. 赤子（中旬），2013，11：215-226.

［144］刘燕霞. 品牌社群融入对品牌认同，品牌忠诚的影响［J］. 管理学家，2014，20：58-69.

［145］刘影，娄美玉. 书业的互联网思维：《罗辑思维》的启示［J］. 编辑学刊，2015，1：010-025.

［146］刘琳琳. 基于品牌关系的企业品牌建设支持系统构建［J］. 商场现代化，2011，12：47-48.

［147］刘柳，陈启宁. 微博营销效果研究：基于品牌关系的视角［J］. 科学技术与工程，2012，20（6）：1448-1452.

[148] 骆静，廖建桥．基于提高知识员工组织嵌入度的实践社群研究［J］．科研管理，2006，27（2）：133-139.

[149] 吕明军，梁文光．基于品牌社群社会资本和消费体验的品牌忠诚培育研究［J］．企业经济，2014，3：005-016.

[150] 梁文光，李鹏志．基于消费者价值的品牌社群营销思路与对策［J］．特区经济，2012（9）：296-298.

[151] 马双，王永贵．知识获取方式对社区公民成员行为及品牌认同的影响研究——基于虚拟品牌社区的实证研究［J］．南京师大学报：社会科学版，2014（3）：42-52.

[152] 皮建才．领导，追随与社群合作的集体行动：基于公平相容约束的扩展［J］．经济学，2007，6（2）：597-606.

[153] 钱瑞群．品牌社群营销探析［J］．消费导刊，2007，3：8-15.

[154] 任枫．品牌社群形成机理研究——基于品牌社群融入的视角［J］．河北经贸大学学报，2013，34（006）：104-109.

[155] 任枫．品牌社群消费体验与品牌社群融入——基于心流体验的中介效应研究［J］．中南财经政法大学学报，2014，4：021-032.

[156] 苏海林，苏洋．顾客体验驱动的品牌社群发展及营销策略——以新浪网车友俱乐部为例［J］．嘉兴学院学报，2010，22（2）：47-50.

[157] 田阳，王海忠，王静一．虚拟品牌社群与品牌依恋之间关系的实证研究［J］．经济管理，2010，32（11）：107-114.

[158] 陶安，刘雁妮．线上线下参与对品牌社群满意的影响研究［J］．首都经济贸易大学学报，2014（2）：106-115.

[159] 唐舒静，毛军权．品牌社群生态位及其测量模型研究［J］．企业经济，2011（9）：54-58.

[160] 王军，江若尘．品牌社群认同对品牌忠诚的影响研究［J］．南京财经大学学报，2010（2）：72-80.

[161] 王静一，王海忠．虚拟品牌社群娱乐价值对品牌忠诚的作用机制研究［J］．经济经纬，2012（3）：121-125.

[162] 王慧美，高慈薏．虚拟品牌社群对品牌忠诚度之影响——品牌关系之中介效果 [J]．行销科学学报，2014，10（2）：171-188.

[163] 王新新，薛海波．论品牌社群研究的缘起、主要内容与方法 [J]．外国经济与管理，2008，30（4）：25-31.

[164] 王新新，薛海波．品牌社群社会资本，价值感知与品牌忠诚 [J]．管理科学，2011（6）：53-63.

[165] 王晓川，陈荣秋，江毅．网络品牌社群中的创新活动及其前因与后效研究[J]．管理学报，2014，11（4）：577-584.

[166] 王彦勇，徐向艺．国外品牌治理研究述评与展望 [J]．外国经济与管理，2013，35（1）：29-36.

[167] 王毅，王兴元．广义品牌社群的形成与演进及其对企业管理策略的启示 [J]．上海经济研究，2009（2）：125-131.

[168] 王永贵，董大海．客户关系管理的研究现状、不足和未来展望 [J]．中国流通经济，2004，18（6）：52-56.

[169] 王永贵，马双．虚拟品牌社区顾客互动的驱动因素及对顾客满意影响的实证研究 [J]．管理学报，2013，10（9）：1375-1383.

[170] 吴寿进，方文昌．虚拟品牌社群线上消费者对消费者互动与创意产生 [J]．台大管理论丛，2010，20（2）：19-47.

[171] 吴寿进，方文昌．虚拟品牌社群在线消费者对消费者互动与创意产生：社会资本之中介效果 [J]．台大管理论丛，2010，20（2）：19-47.

[172] 吴明隆．结构方程模型——AMOS 操作与应用 [M]．重庆大学出版社，2009.

[173] 吴明隆．结构方程模型：AMOS 实务进阶 [M]．重庆大学出版社，2013.

[174] 萧至惠，蔡进发，涂亮有．产品信息量与社群参考信息类型对广告理解与广告效果影响之研究——超媒体计算机媒介环境为例 [J]．营销评论，2011，8（1）：31-66.

[175] 徐伟，江若尘，盛伟．品牌社群特征维度，顾客归属感与忠诚感研究——基于中国电信行业的实证数据 [J]．软科学，2010，24（10）：34-40.

[176] 徐毓妤．虚拟品牌社群认同之研究——以统一星巴克脸书粉丝专页为例 [D].

世新大学公共关系暨广告研究所，2010.

［177］ 杨伟文，刘新．虚拟品牌社群价值对品牌忠诚的影响实证研究［J］．系统工程，2010（3）：53-58.

［178］ 薛新波，王新新．创建品牌社群的四要素［J］．经济管理，2008（3）．

［179］ 薛海波，王新新．创建品牌社群的四要素——以哈雷车主俱乐部为例［J］．经济管理，2008（3）：59-63.

［180］ 薛海波．品牌社群的组织界定与形成机理研究［J］．外国经济与管理，2011，33（10）：33-41.

［181］ 薛海波．品牌社群作用机理理论研究和模型构建［J］．外国经济与管理，2012，34（2）：50-57.

［182］ 杨龙，王永贵．顾客价值及其驱动因素剖析［J］．管理世界，2002，6：146-147.

［183］ 杨烽．基于虚拟品牌社群的营销创新策略研究［J］．价值工程，2014，33（12）：161-163.

［184］ 姚婷．基于虚拟品牌社群理论的汽车品牌忠诚度提升策略研究［D］．天津大学，2013.

［185］ 叶昱星．基于社会化媒体的虚拟品牌社群价值对品牌忠诚影响的实证研究［D］．杭州电子科技大学，2013.

［186］ 严新锋，刘春红．品牌社群理论研究现状及发展述评［J］．山东工商学院学报，2014，28（5）：49-55.

［187］ 严新锋，王炳旭，刘春红，等．网络品牌社群参与的需求层次模型——基于扎根理论的探索性研究［J］．经济经纬，2015，1：90-95.

［188］ Yeh S Y. 网站的合作机制如何增加品牌社群成员购买意图—消费者习惯的干扰效果［J］．管理评论，2013，32（3）：73-100+137.

［189］ 卢余．基于在线品牌社群的用户生成内容互动效用对消费者品牌态度的影响［D］．东北财经大学，2013.

［190］ 赵建彬，景奉杰．基于心理所有权的网络嵌入对在线品牌社群公民行为的影响研究［J］．管理学报，2015，2：015.

［191］张婧，邓卉．品牌价值共创的关键维度及其对顾客认知与品牌绩效的影响：产业服务情境的实证研究［J］．南开管理评论，2013，16（2）：104-115.

［192］张杰．基于汽车行业的品牌社群融入影响因素识别分析研究［J］．长春工业大学学报：社会科学版，2012，23（6）：23-26.

［193］张毅，李杰，孙立本．奢侈品品牌社群对品牌延伸评价的影响研究［J］．上海管理科学，2014，36（1）：35-38.

［194］周志民．基于品牌社群的消费价值研究［J］．中国工业经济，2005（2）：103-109.

［195］周志民．品牌社群形成机理模型初探［J］．商业经济与管理，2006（11）：74-79.

［196］周志民，李蜜．西方品牌社群研究述评［J］．外国经济与管理，2008，30（1）：46-51.

［197］周志民，郑雅琴，张蕾．在线品牌社群成员关系如何促进品牌忠诚——基于强弱连带整合的视角［J］．商业经济与管理，2013（4）：14-24.

［198］周志民，吴群华．在线品牌社群凝聚力的前因与后效研究［J］．管理学报，2013，1：18-25.

［199］周志民，李楚斌，张江乐，等．网上组织公民行为，结构洞嵌入与消费者品牌行为研究：以在线品牌社群为背景［J］．营销科学学报，2014，10（2）：1-14.

［200］周志民，张江乐，熊义萍．内外倾人格特质如何影响在线品牌社群中的知识分享行为——网络中心性与互惠规范的中介作用［J］．南开管理评论，2014（3）：19-29.

［201］詹佩娜，劳陈峰．基于品牌社群社会资本和消费体验的品牌忠诚培育研究［J］．市场研究，2013（8）：29-32.

［202］庄弼棕．品牌社群成员之四种网络关系对品牌社群认同度与忠诚度之影响——以汽车社群为例［J］．成功大学国际企业研究所学位论文，2006：1-95.

［203］邹德强，王高，赵平，王燕．功能性价值和象征性价值对品牌忠诚的影响：性别差异和品牌差异的调节作用［J］．南开管理评论，2007，10（3）：4-1.